WORKBOOK FOR

FRENCH FOR MASTERY 1

Salut, les amis!

Jean-Paul Valette • Rebecca M. Valette

D. C. HEATH AND COMPANY

Lexington, Massachusetts   Toronto

NOTE TO THE STUDENT:

Each chapter of your *Workbook* consists of four parts:

An INTRODUCTION,

which summarizes what you will learn and accomplish in the chapter.

Five modules of EXERCISES,

which will give you the opportunity to develop your writing skills and put in practice what you have learned in class. Each exercise is coded to correspond with a particular part of the **La langue française** section of your text. For example:

Exercise A1 is the first exercise relating to part A in **La langue française;**

Exercise A2 is the second exercise relating to part A;

Exercise A3B1 is the third exercise relating to part A and, at the same time, the first exercise relating to part B.

The exercises with a **V** code are vocabulary exercises and correspond to the vocabulary sections.

The exercises marked with an asterisk are for extra practice.

If you encounter a problem in a particular exercise, you can quickly refer back to the corresponding explanations and examples in your text.

At the end of each workbook module is a short composition which lets you use the French you have practiced in a free manner. Take your time and use your imagination to do these exercises. (These compositions are to be done in your *Workbook* if space allows or on a separate sheet of paper.)

A RÉCRÉATION CULTURELLE,

which contains various realia about France and life in France, various types of games, and stylistic and cultural exercises.

A section entitled ACTIVITÉS DE COMPRÉHENSION ORALE,

to be used in conjunction with the various *Listening for Signals* and *Listening Comprehension* activities of the Tape Program.

As you do the various exercises in the *Workbook,* check that you are spelling the words correctly and that you are including the proper accents. (In France, accurate spelling is the mark of an educated person.)

And now, *BON COURAGE!*

Jean-Paul Valette

Rebecca M. Valette

Acknowledgment:
The authors would like to thank François Vergne for helping them assemble the realia contained in the *Workbook*.

Chapitre un: **Rencontres**

▪▪▪

INTRODUCTION: *What you will do and learn in Chapter 1*

Module openings:

You will meet several French-speaking people:
Philippe, Nathalie and Annie from Paris
Alice and Jacques from Québec
Max from Martinique (an island in the French West Indies)
Marc from Switzerland
Ahmed and Monsieur Halimi from Tunisia
Benoît, Marie, Aya, Kouamé and Kouadio from the Ivory Coast in Africa

In **Lisons** you will read about two gentlemen who have more in common than their name.

Notes culturelles:

You will learn that French is spoken not only in France, but in other European countries, in Canada, and in North and West Africa.

Activités:

You will learn how:

	1.3 Vocabulaire spécialisé
to count from 0 to 12	
to say where you live	1.3C
to talk about your various daily activities	1.3C, 1.4C
to express what you like and do not like to do	1.4B
to ask questions	1.3A, 1.3B, 1.5A, 1.5B
to answer questions affirmatively and negatively	1.2B, 1.4C
to address your friends and your teachers	1.4A

Structure:

In this chapter, you will learn mainly about French verbs.

1.1 PARIS, QUÉBEC ET FORT-DE-FRANCE

A1. Simple geometry. For each of the following sentences, draw a line under the subject and a circle around the verb.

<u>Pierre et Michèle</u> (habitent) à Paris.

1. Jacques habite à Québec.
2. Louise habite à New York.
3. Jacques et Louise arrivent à Paris.
4. Louise visite Notre-Dame.
5. Jacques téléphone à Christine.
6. Christine invite Jacques et Louise.
7. Christine, Jacques et Louise dînent.
8. Jacques et Christine dansent.

B1. Up in the air. A stewardess wants to know which of her passengers are getting off in Paris and which are going on to Rome. Look at the sentences (a) and (b) on the plane's wings. Sentence (a) has a *singular* verb and requires a *singular* subject. Sentence (b) has a *plural* verb and requires a *plural* subject. Now check each row on the plane. If the row contains a singular subject, check column **A**. If it contains a plural subject, check column **B**.

A		B
☑	Jacques	○
○	Jim et Bob	☑
○	1. Mr. Smith	○
○	2. Monsieur et Madame Charron	○
○	3. Ted, Frank, Mike	○
○	4. Caroline et Dave	○
○	5. Jean Imbert	○
○	6. Michel Durand	○
○	7. Mr. and Mrs. Bates	○
○	8. Mr. Jenks	○

(a) —— **visite** Paris.   (b) —— **visitent** Rome.

B2. Addresses. Before leaving for France, Alice checks the addresses of some of her French friends. Complete the sentences with **habite** or **habitent**, according to whether the subject is singular or plural.

1. Nathalie _____ à Paris.
2. Annie et Philippe _____ aussi à Paris.
3. Monique _____ à Lyon.
4. Pierre et Louise _____ à Marseille.
5. François _____ à Nice.
6. Paul et Jacques _____ à Bordeaux.
7. Suzanne et Lise _____ à Strasbourg.
8. Louise _____ à Tours.

B3.* **Friendly invitation.** Whatever Jacques and Michèle do, their friends do also. Express this by completing the following sentences.

Jacques et Michèle arrivent à Paris. Roger *arrive à Paris aussi.*

Jacques téléphone. Marc et Nicole *téléphonent aussi.*

1. Michèle visite Orléans. Philippe _____

2. Jacques visite Marseille. Christine et Francine _____

3. Jacques et Michèle téléphonent. Antoine _____

4. Michèle dîne. Pierre et Robert _____

5. Jacques et Michèle dansent. Monique et Albert _____

6. Michèle invite Robert. Henri _____

7. Jacques invite Sophie. Louis et Roger _____

8. Michèle et Jacques arrivent à Montréal. Jean _____

Addresses. *Write five sentences telling where some of your out-of-town friends live.*

Roger Martin habite à Boston.   Bob et Ted habitent à San Francisco.

_____

_____

_____

_____

_____

1.2 PRÉSENTATIONS

A1. A helping hand. A friend wants to know whether the following sentences refer to one or several boys, one or several girls. Help him by checking the appropriate columns.

	🧍	🧍	🧍🧍	🧍🧍
Il arrive.	☑	☐	☐	☐
Elles arrivent.	☐	☐	☐	☑
1. Elle dîne.	☐	☐	☐	☐
2. Ils téléphonent.	☐	☐	☐	☐
3. Il habite à New York.	☐	☐	☐	☐
4. Elles étudient.	☐	☐	☐	☐
5. Elle danse.	☐	☐	☐	☐
6. Il parle français.	☐	☐	☐	☐

A2. They do it too! Write sentences saying that Pierre's friends do what he does. Use *subject pronouns*.

Pierre arrive à Paris.   Et Jean? ___*Il arrive à Paris aussi.*___

(a) Pierre étudie.

    1. Et Hélène? _____

    2. Et Marc? _____

    3. Et Caroline? _____

    4. Et Jacques et Claude? _____

    5. Et Suzanne et Philippe? _____

(b) Pierre parle français.

    6. Et Jacqueline? _____

    7. Et Nathalie et Marie? _____

    8. Et Jules et Jim? _____

    9. Et Jacques, Pierre et Gilbert? _____

    10. Et Paul et Monique? _____

B1. Philippe's American trip. This summer Philippe is visiting the United States, but he will not be able to visit Canada. Say whether he visits the following cities or not.

Boston _*Il visite Boston.*_

Montréal _*Il ne visite pas Montréal.*_

1. Toronto _____

2. New York _____

3. Vancouver _____

4. Seattle _____

5. Québec _____

6. Chicago _____

7. Ottawa _____

8. Halifax _____

B2. Differences. Friends do not always do the same things. Say that the people on the right do not do what those on the left are doing.

Charles visite Paris. Henri _*ne visite pas Paris.*_

1. François visite Québec. Alain _____

2. Suzanne parle français. Nathalie _____

3. Roger parle anglais. Robert _____

4. Irène étudie. Élisabeth _____

5. Albert étudie l'espagnol. Pierre _____

6. Jacqueline habite à Paris. Jeanne _____

7. Michèle danse avec Paul. Marianne _____

8. Marc invite Annie. Jacques _____

Vos meilleurs amis (*your best friends*). *Select six of your friends. For each one, say where he or she lives, and whether he or she studies French.*

Linda habite à San Francisco.   Elle n'étudie pas le français.

_____

_____

_____

_____

_____

_____

1.3 À PARIS: ÉCHANGE D'ADRESSES

V1. Counting. Write in the missing numbers.

	un		trois		six			dix		

A1. Pierre et Jacques. The sentences below tell you what Pierre does. Write questions asking whether Jacques does the same things.

Pierre habite à Québec.   *Est-ce que Jacques habite à Québec?*

1. Pierre étudie à Montréal. _____
2. Pierre parle français. _____
3. Pierre parle anglais aussi. _____
4. Pierre téléphone à Nicole. _____
5. Pierre invite Nicole. _____
6. Pierre dîne avec Nicole. _____
7. Pierre danse avec Nicole. _____
8. Pierre danse avec Anne aussi. _____

B1. Travel plans. A group of French-speaking students are traveling around the world. Imagine that you want to join them. Ask about their travel plans by forming questions beginning with **quand** (*when*). Use *subject pronouns* in your questions.

Philippe visite Boston.   *Quand est-ce qu'il visite Boston?*

1. Annie visite Québec. _____
2. Pierre arrive à New York. _____
3. Nathalie et Suzanne visitent Montréal. _____
4. Marc et Jacques visitent Rome. _____
5. Benoît rentre à Abidjan. _____
6. Max et Louis rentrent à Fort-de-France. _____

B2. A poor tape recorder. Your brother taped a conversation between Jacques and Irène. In replaying it, you notice that Jacques's interrogative expressions (**où, quand, avec qui**) are missing. Fill them in.

JACQUES:	IRÈNE:
____*Où*____ est-ce que Gilles habite?	A Paris.
1. _____ est-ce que Suzanne habite?	A Paris aussi.
2. _____ est-ce qu'ils visitent Versailles?	Demain.
3. _____ est-ce qu'ils dînent?	A Versailles.
4. _____ est-ce qu'ils dînent?	Avec Monsieur Lambert.
5. _____ est-ce qu'ils rentrent?	Demain.
6. _____ est-ce qu'ils rentrent?	Avec Robert.

C1. Completion. Write in the missing subject pronouns (**je** or **j'**, **tu**, **nous**, **vous**).

_____*Je*_____ téléphone à Jacqueline.

1. _____ arrive à Montréal.
2. _____ parlez français.
3. _____ invite Henri.
4. _____ dînez en ville.
5. _____ étudions l'anglais.
6. _____ rentres demain.

7. _____ habites à Paris.
8. _____ étudie le français.
9. _____ dansons.
10. _____ parle anglais.
11. _____ dînez avec Nicole.
12. _____ rentrons avec Albert.

C2.* Same but different. Write sentences equivalent to the ones below. Begin these sentences with **nous** or **vous**.

Je danse avec Irène. _*Nous dansons.*_____

Tu habites à Paris avec François. _*Vous habitez à Paris.*_____

1. Je parle avec André. _____
2. Tu dînes avec Sylvie. _____
3. Je dîne avec François. _____
4. Je rentre avec Nicole. _____
5. Tu étudies avec Marc. _____
6. Tu arrives avec Antoine. _____
7. Tu habites à Montréal avec Louis. _____
8. J'étudie avec Pierre. _____

_____

Une lettre de Paris. *You have received a letter from a French pen pal who asks you the following questions. Answer him.*

« *Est-ce que tu habites à New York? Où est-ce que tu habites? Est-ce que tu parles espagnol? Est-ce que tu étudies le français? Est-ce que vous parlez français en classe?* »

_____
_____
_____
_____
_____

1.4 À GENÈVE: CONVERSATIONS

A1. Eavesdropper. You overhear Claude talking to his friend Albert and to his teacher, Monsieur Bernard. Circle **A** if Claude is addressing Albert, and **B** if he is addressing Monsieur Bernard.

Tu parles français?   (A) B

1. Tu travailles?	A B	4. Où est-ce que vous habitez?	A B
2. Vous comptez?	A B	5. Quand est-ce que tu dînes?	A B
3. Tu étudies?	A B	6. Quand est-ce que tu rentres?	A B

B1. Surprised! Caroline wants to know why Charles does so many things. Say that he likes to do them.

CAROLINE: VOUS:

Charles travaille? _*Oui, il aime travailler.*_ _____

1. Charles voyage? _____

2. Charles téléphone? _____

3. Charles parle espagnol? _____

4. Charles étudie? _____

5. Charles joue au tennis? _____

6. Charles danse? _____

C1. The case of the vanishing verbs. The verb endings in the following sentences have mysteriously vanished. Write them again.

1. J'étudi _____.   6. J'arriv _____ à Montréal.

2. Tu travaill _____?   7. Est-ce que tu parl _____ français?

3. Nous détest _____ étudier.   8. Nous parl _____ français et anglais.

4. Vous aim _____ voyager?   9. Ils téléphon _____ à Daniel.

5. Elles ador _____ voyager.   10. Daniel dîn _____ avec François.

C2. Tennis anyone? Philippe is looking for a tennis partner, but he asks all the wrong people. Complete Philippe's questions, and then complete the answers in the *negative*.

PHILIPPE: ANSWERS:

Est-ce qu'Hélène _*joue au tennis?*_   Non, elle _*ne joue pas au tennis.*_

1. Est-ce que tu _____   Non, je _____

   _____   _____

2. Est-ce que vous _____   Non, nous _____

   _____   _____

3. Est-ce que Suzanne _____   Non, elle _____

   _____   _____

4. Est-ce que Pierre et Louis _____   Non, ils _____

   _____   _____

Une lettre de France. *Imagine that you have a French pen pal. In his latest letter he asked you the following questions. Answer him.*

«*Est-ce que tu aimes regarder la télé? Est-ce que tu regardes souvent la télé? Est-ce que tu joues souvent au tennis? Est-ce que tu joues au basketball? Est-ce que tu joues bien ou mal? Est-ce que tu aimes danser? Avec qui est-ce que tu danses?*»

_____

_____

_____

_____

_____

_____

_____

1.5 À ABIDJAN: QUI GAGNE?

A1. Qui? Nathalie is looking for people who share her interests. Write down the questions she will ask when she meets a group of new friends.

Nathalie joue au tennis. *Qui joue au tennis?*_____

1. Elle joue au ping-pong. _____

2. Elle parle anglais. _____

3. Elle étudie l'espagnol. _____

4. Elle aime danser. _____

5. Elle aime voyager. _____

6. Elle aime regarder la télé. _____

B1. Répétition. Philippe did not quite hear what Annie told him. He asks her to repeat. Complete his questions.

ANNIE: PHILIPPE:

Je joue au tennis avec Robert. Avec *qui est-ce que tu joues au tennis?*

1. Je téléphone souvent à François. A _____

2. Je parle rarement à Monique. A _____

3. J'étudie avec Pierre. Avec _____

4. Je travaille pour Monsieur Durand. Pour _____

5. Je parle anglais avec Bob. Avec _____

6. Je parle italien avec Mario. Avec _____

C1. Équations. Write out the *stressed pronouns* which balance the following "equations."

Henri = *lui*_____   Pierre + toi = *vous*_____

1. Jeanne = _____   7. Hélène + _____ = elles

2. Georges = _____   8. _____ + Pierre = nous

3. Marc = _____   9. _____ + Henri = vous

4. Suzanne = _____   10. toi + elle = _____

5. Monique + Sophie = _____   11. moi + toi = _____

6. Jacques + André = _____   12. Pierre + lui = _____

C2. Réciprocité. Say that the following actions are reciprocal. Write new sentences in which the stressed pronoun becomes the new subject. Make all necessary changes.

Il danse avec elle. Elle _danse avec lui._

J'arrive avec eux. Ils _arrivent avec moi._

1. Nous dînons avec eux. Ils _____

2. Vous parlez avec elles. Elles _____

3. Il dîne avec nous. Nous _____

4. Ils dansent avec elles. Elles _____

5. Je voyage avec lui. Il _____

6. Tu visites Paris avec nous. Nous _____

7. J'arrive à Paris avec vous. Vous _____

8. Ils travaillent avec moi. Je _____

9. Elle habite avec nous. Nous _____

10. Il rentre avec toi. Tu _____

_____

Occupations. *Write six sentences saying what you do or like to do with each of your friends.*

J'aime jouer au ping-pong avec Robert. Je joue souvent avec lui.

Nom _____ Date _____

Activités de compréhension orale

1.2.Act.4. Listening for signals

Eric   Sylvie

	A	B
Model	☐	☑
1.	☐	☐
2.	☐	☐
3.	☐	☐
4.	☐	☐
5.	☐	☐
6.	☐	☐
7.	☐	☐
8.	☐	☐

1.2.Act.5. Listening for signals

Marc   Roger et Robert

	A	B
Model (a)	☑	☐
Model (b)	☐	☑
1.	☐	☐
2.	☐	☐
3.	☐	☐
4.	☐	☐
5.	☐	☐
6.	☐	☐

1.2.Act.7. Listening for signals

	oui A	non B
Model	☐	☑
1.	☐	☐
2.	☐	☐
3.	☐	☐
4.	☐	☐
5.	☐	☐
6.	☐	☐

1.4.Act.3. Listening for signals

Pierre   Monsieur Didac

	A	B
1.	☐	☐
2.	☐	☐
3.	☐	☐
4.	☐	☐
5.	☐	☐
6.	☐	☐
7.	☐	☐
8.	☐	☐

1.3.Act.9. Listening for signals

je   nous   tu   vous

	A	B	C	D
Model (a)	☐	☐	☑	☐
Model (b)	☑	☐	☐	☐
1.	☐	☐	☐	☐
2.	☐	☐	☐	☐
3.	☐	☐	☐	☐
4.	☐	☐	☐	☐
5.	☐	☐	☐	☐
6.	☐	☐	☐	☐
7.	☐	☐	☐	☐
8.	☐	☐	☐	☐

1.5.Act.4. Listening for signals

Thomas   Michèle   Philippe et Jacqueline

	A	B	C
Model	☐	☐	☑
1.	☐	☐	☐
2.	☐	☐	☐
3.	☐	☐	☐
4.	☐	☐	☐
5.	☐	☐	☐
6.	☐	☐	☐

1.3.Act.6. Listening for signals

	question A	statement B
Model	☑	☐
1.	☐	☐
2.	☐	☐
3.	☐	☐
4.	☐	☐
5.	☐	☐
6.	☐	☐
7.	☐	☐
8.	☐	☐

1.4.Act.8. Listening comprehension

	vrai	faux
1.	☐	☐
2.	☐	☐
3.	☐	☐
4.	☐	☐

COPYRIGHT © 1975 BY D.C. HEATH AND COMPANY

Récréation culturelle

Adresses

Carnet d'adresses

Nom	Adresse	Téléphone
Ⓐ Arnaud, Patrick	82, boulevard Pasteur 75015 Paris	783-20-15
Aubéry, Monique	18, boulevard Voltaire 13000 Marseille	56-11-09
Andrieux, Isabelle	22, rue du Maréchal Foch 67000 Strasbourg	
André, Françoise	12, cours La Fayette 69000 Lyon	
Ader, Caroline	103, avenue Henri Dunant Genève, Suisse	24-73-12
Abed-Kadra, Ali	18, boulevard Mohamed V Alger, Algérie	
Asselin, Jean-Marc	26, boulevard du Général-de-Gaulle Fort-de-France, Martinique	
Amélan, Akissi	9, rue Pierre-et-Marie-Curie Abidjan, Côte-d'Ivoire	35-10-55

NOTES

a. The addresses and phone numbers in the notebook are real. You may have noted that not everyone listed has a phone number. In France only one family out of four has a telephone.

b. Note how French addresses are expressed. A five-digit postal code precedes the name of the city. (These numbers correspond to the U.S. Zip Code.) The first two digits (75, 13, etc.) identify the **département** in which the city is located.

c. France is divided into 95 metropolitan **départements** and 4 overseas **départements** (for example, **la Martinique**). These **départements** are administrative divisions of France and are each approximately the size of the state of Delaware.

ACTIVITÉS STYLISTIQUES

a. Address the envelope to one of the people listed in the address book on the opposite page.

b. Write an imaginary pen pal a letter, saying where you live, what you do and what you like to do. Ask whether your pen pal likes to do the same things you do. Begin your letter with **Cher Patrick** (or other boy's name) or **Chère Monique** (or other girl's name).

ACTIVITÉS CULTURELLES

a. On a map of France, locate the cities in the first four addresses.
b. On a map of the world, locate the cities in the last four addresses.
c. Identify five of the famous people after whom the streets in the address book were named. (Use an encyclopedia.)
d. Write a short report (in English) about one of these famous people.

Chapitre deux: Les amis

■■

INTRODUCTION: *What you will do and learn in Chapter 2*

Module openings:

Two girls, Suzanne and Michèle, and two boys, Marc and Alain, are planning a party. You will read a description of the friends they invite.

In **Lisons** you will read two self-portraits by Monique and her brother Henri.

Notes culturelles:

You will learn about French teen-agers, about their friends and the parties they organize.

Activités:

You will learn how:

to describe yourself and your friends	2.2C, **2.2 Vocabulaire spécialisé**
to describe everyday objects	2.3B, **2.4 Vocabulaire spécialisé**
to describe and talk about objects you may own	2.3A, **2.3 Vocabulaire spécialisé**
to tell the nationalities of people	**2.5 Vocabulaire spécialisé**
to tell time in full hours	**2.1 Vocabulaire spécialisé**
to ask questions	2.1B

Structure:

You will learn two important verbs: **être** (*to be*) and **avoir** (*to have*). You will also learn about nouns, which in French are either masculine or feminine, and about the forms of adjectives.

2.1 AU TÉLÉPHONE

V1. Tic tac. Write the time as shown on each of the clocks below.

Il est deux heures.

1. _____
   _____

2. _____

3. _____
   _____

4. _____
   _____

5. _____

6. _____
   _____

A1. Au téléphone. To find out what the following phone call is all about, complete the dialogue with the appropriate forms of **être**.

NICOLE:
— Allô Gisèle!

1.— Non, Je _____ avec Irène.

3.— Nous _____ en ville.

4.— Il _____ avec Colette.

6.— Ils _____ en ville aussi.

GISÈLE:
—Nicole! Tu ___*es*___ avec Suzanne?

2.— Où est-ce que vous _____?

— Et Marc?

5.— Où est-ce qu'ils _____?

A2. Le tour du monde (*around the world*). Imagine that you and your friends are visiting some of the world's famous tourist spots. Write out where everyone is. To help you, the names of the cities are given in parentheses.

Nous visitons le Capitole. (Washington) *Nous sommes à Washington*

1. Vous visitez la Tour Eiffel. (Paris) _____

2. Jacques visite le British Museum. (Londres) _____

3. Je visite le Colisée. (Rome) _____

4. Monique et Annette visitent Disneyland. (Anaheim) _____

5. Robert et Henri visitent le Parthénon. (Athènes) _____

6. Antoine visite le Kremlin. (Moscou) _____

7. Tu visites l'Astrodome. (Houston) _____

8. Louise visite le World Trade Center. (New York) _____

B1. Correspondance. Imagine that you are writing to Irène, a girl from Montréal, telling her about things you do. Ask her whether she does them too. Complete the questions below using *inversion*.

Je parle anglais. Et toi, *parles-tu anglais* ? _____

1. J'étudie le français. Et toi, _____

2. Je joue au tennis. Et toi, _____

3. Je regarde souvent la télé. Et toi, _____

4. J'écoute souvent la radio. Et toi, _____

5. J'aime voyager. Et toi, _____

6. J'aime danser. Et toi, _____

B2. Américanophiles? (*in love with America?*) Some French students are spending the summer in various U.S. cities. Ask whether they like the cities they are in. Use *inversion* with the verb **aimer** and the appropriate *subject pronoun*.

Hélène est à San Francisco. *Aime-t-elle San Francisco?* _____

1. Marc est à New York. _____

2. Pierre est à Boston. _____

3. Isabelle est à Baton Rouge. _____

4. Annie et Sophie sont à Denver. _____

5. Louis et Philippe sont à Phoenix. _____

6. Paul et Marie sont à Omaha. _____

B3.* Curiosité. Suzanne is talking to you about her boyfriend Philippe. You want to know more about him and what he does. Complete the questions below using *inversion* with the pronoun **il**.

SUZANNE: VOUS:

Philippe voyage. Où *voyage-t-il?* _____

1. Il est au Canada. Pourquoi _____

2. Il visite Montréal. Avec qui _____

3. Il aime Québec. Pourquoi _____

4. Il parle anglais. Avec qui _____

5. Il téléphone souvent. A qui _____

6. Il rentre à Paris. Quand _____

_____

Votre emploi du temps (*your schedule*). *Tell where you are or what you do at six different times of the day.*

A neuf heures, je suis en classe.

2.2 INVITATIONS

A1. Pour détectives. You have found a notebook in which several people are mentioned by their initials only. Find out which ones are male and which are female and circle the corresponding letters. (Your clue is **un** or **une**.)

A.M. est un pilote remarquable.	(M) F
C.C. est une actrice italienne.	M (F)
1. B.H. est un musicien anglais.	M F
2. V.C. est un pianiste.	M F
3. C.B. est une actrice américaine.	M F
4. F.L. est un artiste français.	M F
5. P.N. est un excellent acteur.	M F
6. G.M. est une artiste américaine.	M F
7. P.V. est un cousin de New York.	M F
8. M.V. est une cousine de Montréal.	M F

B1. Présentations. Alain is at a party. He introduces his friends and says where they are from. Write out what he says.

Caroline (Paris) *Caroline est une amie de Paris.*

Pierre (Lyon) *Pierre est un ami de Lyon.*

1. Jacques (New York) _____

2. Henri (Marseille) _____

3. Juliette (Québec) _____

4. Nathalie (Montréal) _____

5. Joseph (Boston) _____

6. Barbara (Chicago) _____

C1. Frères et sœurs (*brothers and sisters*). The following pairs of sisters and brothers do not look alike. Describe each sister according to the model.

Alain est brun. Monique *n'est pas brune*

1. Marc est blond. Suzanne _____

2. Philippe est petit. Françoise _____

3. Paul est grand. Stéphanie _____

4. Pierre est élégant. Alice _____

5. Henri est embêtant. Annette _____

6. Jacques est drôle. Nicole _____

7. François est sympathique. Brigitte _____

8. Robert est beau. Nathalie _____

C2. Descriptions. Describe the following people by using the appropriate forms of the following adjectives: **brun, blond, grand, petit, élégant, drôle, sympathique, beau.** Use four adjectives per person.

Mireille *est blonde. Elle n'est pas petite, mais elle n'est pas grande. Elle est assez belle.*

Charles _____

_____

_____

_____

_____

Béatrice _____

_____

_____

_____

_____

André _____

_____

_____

_____

_____

Corinne _____

_____

_____

_____

_____

Monsieur Kouadio _____

_____

_____

_____

_____

Madame Rémy _____

_____

_____

_____

_____

Auto-portrait (*self-portrait*). *Imagine that you have been invited by a French family to spend next summer in France. Describe yourself to them in six lines.*

Je suis assez grand....

2.3   AS-TU UNE GUITARE?

V1.   Le lèche-vitrines (*window-shopping*).

Find the following toys in the gift shop window and write the corresponding numbers in the appropriate boxes.

3 un disque	☐ un transistor	☐ une moto
☐ un électrophone	☐ un vélo	☐ une voiture
☐ un livre	☐ une montre	☐ un sac

A1.   Additions simples. The problems were not so simple for Frank, whose strong points include neither French nor math. Help him by filling in the correct forms of **avoir** and the correct number of objects.

a. 1. Pierre _____*a*_____ un livre.

    2. Jacques _____ deux livres.

    3. Pierre et Jacques _____ ___*trois*___ livres.

b. 4. J'_____ deux disques.

    5. Tu _____ trois disques.

    6. Nous _____ _____ disques.

c. 7. Hélène _____ un sac.

    8. Irène et Danièle _____ deux sacs.

    9. Tu _____ cinq sacs.

    10. Vous _____ _____ sacs.

d. 11. Philippe _____ un vélo.

    12. Marc _____ un vélo.

    13. Ils _____ _____ vélos.

B1. **Où?** Jacques does not often believe his cousin Georges, and wants to see whatever Georges says that he has. Complete Jacques's questions with the appropriate *pronouns*.

GEORGES:	JACQUES:
J'ai une voiture.	Où est-*elle?*
1. J'ai un scooter.	Où est-_____
2. J'ai une caméra.	Où est-_____
3. J'ai un transistor.	Où est-_____
4. J'ai une guitare.	Où est-_____
5. J'ai un piano.	Où est-_____
6. J'ai une télévision.	Où est-_____

B2. **Lectures** (*reading material*). Irène offers you various things to read. Ask whether they are interesting.

IRÈNE: VOUS:

Voici un magazine. *Est-ce qu'il est intéressant?*

1. Voici un poème. _____

2. Voici un livre. _____

3. Voici une comédie. _____

4. Voici une tragédie. _____

C1. **Pauvre Richard** (*Poor Richard*). Richard has nothing and nobody to go out with. Explain Richard's misfortunes, using *negative* sentences.

une bicyclette *Il n'a pas de bicyclette.*

1. un électrophone _____

2. une voiture _____

3. une moto _____

4. un vélo _____

5. une amie _____

6. un ami _____

7. un cousin _____

8. une cousine _____

———————

Vos possessions (*your belongings*). *In six sentences, describe your belongings, using some of the nouns listed in the* **Vocabulaire spécialisé** *on page 65 of your text. Begin each sentence with* **J'ai**.

2.4 UNE JOLIE VOITURE ITALIENNE

V1. Drapeaux de pays francophones (*flags of French-speaking countries*)

b l e u	b l a n c	r o u g e

FRANCE

n o i r	j a u n e	r o u g e

BELGIQUE

rouge
blanc
bleu

LUXEMBOURG

vert	blanc

rouge

ALGÉRIE

b l e u	j a u n e	r o u g e

TCHAD

o r a n g e	b l a n c	v e r t

CÔTE-D'IVOIRE

Color the above flags according to the instructions.

A1. Cadeaux d'anniversaire (*birthday presents*). Pierre is writing a friend to tell him what he got for his birthday. Complete his sentences, using the appropriate forms of the suggested *adjectives*. Make sure that the adjective is in the correct position. (Note: **j'ai reçu** means *I got*.)

une bicyclette: bleu, beau. J'ai reçu *une belle bicyclette bleue.*

1. un transistor: petit. J'ai reçu _____

2. un livre: intéressant. J'ai reçu _____

3. un disque: anglais. J'ai reçu _____

4. une montre: pratique. J'ai reçu _____

5. une guitare: joli, électrique. J'ai reçu _____

6. un sac: grand, bleu. J'ai reçu _____

C1. Accusations. Marie accuses the following people of having broken her guitar. Tell her each accusation is wrong.

MARIE:

C'est Jacques!

1. C'est Hélène!

2. C'est Paul!

3. C'est Henri!

4. C'est Suzanne et Sophie!

5. C'est Philippe et Marc!

6. C'est toi!

VOUS:

Non, *ce n'est pas lui!* _____

Non, _____

Non, _____

Non, _____

Non, _____

Non, _____

Non, _____

C2.* **Personnalités américaines.** Imagine that you are explaining to a French friend who the following Americans are. Be sure to use the appropriate *determiner*: **un, une.**

William Fulbright: sénateur _C'est un sénateur)._ ------------------

1. Paul Newman: acteur --

2. Jane Fonda: actrice --

3. Chris Evert: championne de tennis ---------------------------

4. Grandma Moses: artiste ---------------------------------------

5. Joe Namath: athlète ---

6. Neil Armstrong: astronaute ----------------------------------

7. Marianne Moore: poétesse ------------------------------------

8. Buffalo Bill: cowboy ---

C3. **D'accord** (*of the same opinion*). Monique and Julie have the same opinions of their friends. Write out what each one says, according to the model. Use the words **garçon** and **fille**, as appropriate.

Irène: amusante   Monique: _Elle est amusante._ ------
                        Julie: _Oui, c'est une fille amusante._

1. Jacques: intelligent   Monique: --------------------------------------
                        Julie: --

2. Caroline: jolie   Monique: --------------------------------------
                        Julie: --

3. Henri: stupide   Monique: --------------------------------------
                        Julie: --

4. Jacqueline: bête   Monique: --------------------------------------
                        Julie: --

C4. **Panne sèche** (*out of ink*). Nathalie planned to stress certain words by writing them in ink. She realized—too late—that her red pen had dried up. Complete her assignment by filling in the missing words: **c'est, il est** or **elle est.**

1. Voici Monsieur Lavoie. ---------------- un professeur de français. ----------------
   canadien. ---------------- un excellent professeur.

2. Où est Marie? ---------------- avec Pierre. ---------------- une jolie fille.
   ---------------- très intelligente aussi.

3. J'invite Jacques. ---------------- un ami. ---------------- très amusant et très
   sympathique.

La voiture familiale (*the family car*). *Describe the family car in six sentences. If you do not have a car, describe the car of someone you know.*

Nom_____ Date _____

2.5 DES AMIS DE LOUISVILLE

A1. Inventaire (*inventory*). Imagine you are taking inventory in a gift shop. Write your count below each item.

trois transistors   1. _____   2. _____

3. _____   4. _____   5. _____

B1. Identités. Jacques explains who the following people are. Complete his sentences. Be sure to include the correct *determiner*: **un, une** or **des**.

Alice __*est une*__ amie.

René et Robert __*sont des*__ cousins.

1. Hélène _____ cousine.

2. Louis _____ ami.

3. Irène et Mathilde _____ amies.

4. Jacqueline et Monique _____ camarades.

5. Albert et Denis _____ amis de Montréal.

6. André et Robert _____ amis de Québec.

C1. Surprise-partie internationale. The following people are attending an international party. Give their nationalities. (Note: the guests are citizens of the countries in which they live. Consult the **Vocabulaire spécialisé: adjectifs de nationalité** on page 77 of your text if necessary.)

Richard et Robert habitent à la Nouvelle-Orléans. __*Ils sont américains*__

1. Pierre et Paul habitent à Marseille. _____

2. Lise et Françoise habitent à Paris. _____

3. Hélène et Sophie habitent à Québec. _____

4. Jim et Peter habitent à Oxford. _____

5. Luis et Pedro habitent à Madrid. _____

6. Nancy et Suzie habitent à Chicago. _____

B2C2D1. Personnalités. A French friend has asked you to identify the following people. Complete the sentences below according to the model, using the appropriate forms of the adjectives **anglais** and **américain**.

Les Beatles	*Ce sont des* musiciens *anglais.*
Jane Fonda et Barbra Streisand	*Ce sont des* actrices *américaines.*
1. Shakespeare et Milton	---------------- poètes ----------------
2. Paul Newman et Marlon Brando	---------------- acteurs ----------------
3. Billie Jean King et Chris Evert	---------------- championnes ----------------
4. Elizabeth Taylor et Julie Christie	---------------- actrices ----------------
5. Louis Armstrong et Duke Ellington	---------------- musiciens ----------------
6. Muhammad Ali et Joe Frazier	---------------- boxeurs ----------------

E1. Un puzzle. Complete the descriptions of the following people with the following *adjectives*: **brun, jolie, intelligentes, blonde, beau, élégantes, charmant, petits, idiots, grandes, embêtants, amusante.** Be careful: each adjective fits only one sentence.

1. Roger est --

2. Thérèse est --

3. Philippe et Antoine sont --

4. Lucie et Monique sont --

E2. Achats (*purchases*). On their recent vacation trip, Mr. and Mrs. Michaud went on a shopping spree. Complete their list of purchases by filling in the appropriate forms of the *adjective of nationality* corresponding to the city mentioned.

1. à Paris: un vélo *français*, une montre ----------------, des disques ----------------, des cassettes ----------------

2. à New York: un électrophone *américain*, une radio ----------------, des livres ----------------, des cassettes ----------------

3. à Londres: un livre *anglais*, une bicyclette ----------------, des transistors ----------------, des cassettes ----------------

4. à Madrid: un banjo *espagnol*, une guitare ----------------, des sacs ----------------, des cassettes ----------------

---

Vos amis (*your friends*). *Write eight sentences describing two of your friends – one boy and one girl.*

Activités de compréhension orale

2.1.Act.5. Telling time

Model 1 2 3 4

5 6 7 8

2.1.Act.6. Listening for signals

Georges   Pierre et André

	A	B
1.	☐	☐
2.	☐	☐
3.	☐	☐
4.	☐	☐
5.	☐	☐
6.	☐	☐

2.1.Act.9. Listening for signals

	statement A	question B
1.	☐	☐
2.	☐	☐
3.	☐	☐
4.	☐	☐
5.	☐	☐
6.	☐	☐
7.	☐	☐
8.	☐	☐

2.2.Act.4. Listening for signals

un   une

	A	B
Model	☐	☑
1.	☐	☐
2.	☐	☐
3.	☐	☐
4.	☐	☐
5.	☐	☐
6.	☐	☐
7.	☐	☐
8.	☐	☐

2.2.Act.5. Listening for signals

	A	B
Model (a)	☐	☑
Model (b)	☑	☐
1.	☐	☐
2.	☐	☐
3.	☐	☐
4.	☐	☐
5.	☐	☐
6.	☐	☐

2.3.Act.6. Listening for signals

	un A	une B
1.	☐	☐
2.	☐	☐
3.	☐	☐
4.	☐	☐
5.	☐	☐
6.	☐	☐
7.	☐	☐
8.	☐	☐

2.5.Act.4. Listening for signals

	un, une A	des B
1.	☐	☐
2.	☐	☐
3.	☐	☐
4.	☐	☐
5.	☐	☐
6.	☐	☐
7.	☐	☐
8.	☐	☐

Récréation culturelle

Des voitures françaises

CITROËN

Simca le prouve avec sa Sim'4

PEUGEOT

RENAULT 4

RENAULT : 70 ANS DE PROGRÉS AUTOMOBILE

RENAULT 6

5 CV fiscaux - 120 km/h - 4 vitesses
7 litres aux 100 km - 7 990 francs*
*TTC+frais de transport et mise à disposition

RENAULT

c'est Renault qu'il vous faut

RENAULT 16 TS

lubrifiée exclusivement par **elf**

9 CV fiscaux - 87,50 ch. SAE à 5750 tr/mn
1565 cm3 - 10,5 l. (consommation moyenne)
165 km/h chrono

ACTIVITÉ STYLISTIQUE

Imagine that you are a journalist describing various foreign cars exhibited at an Auto Show. Describe each of the cars shown on the opposite page. Begin your descriptions with **Voici une** (*make of car*). **C'est une voiture.** You may use the following adjectives: **française** / **petite** / **grande** / **jolie** / **confortable** / **luxueuse** / **économique** / **élégante** / **pratique.**

ACTIVITÉ CULTURELLE

Make a scrapbook or bulletin board exhibit of French cars. Use brochures from foreign car dealers and ads from both American and French newspapers and magazines.

Chapitre trois: Voyages

■■■

INTRODUCTION: *What you will do and learn in Chapter 3*

Module openings:

Colette, François and Roger are three French teen-agers who live in New York. They are going to spend Christmas vacation with relatives in France. You will learn where they go and what they do.

In **Lisons** you will read about how Nancy, an American girl who is visiting Paris, meets Jean-Pierre, a young Parisian who claims he does not like museums.

Notes culturelles:

You will learn about Paris and Savoie, a province in the French Alps. (Beginning with this chapter, the **Notes culturelles** are written entirely in French.)

Activités:

You will learn the days of the week and the months of the year	**3.3 Vocabulaire spécialisé, 3.5 Vocabulaire spécialisé**
You will also learn how:	
to count from 13 to 69	**3.4 Vocabulaire spécialisé**
to tell the date	**3.5C**
to describe the places where you go during the week or on weekends	**3.3A, 3.2 Vocabulaire spécialisé**
to describe your city	**3.2 Vocabulaire spécialisé**
to say that you are going home or to a friend's home	**3.1B**
to speak about the things you like or dislike in general	**3.2C**
to point out people and objects to your friends	**3.5A**
to talk about your plans for the future	**3.1C**

Structure:

You will learn a new verb, **aller** (*to go*), and how you can use it to express future events. You will also learn more about determiners, which are the words used to introduce nouns.

3.1 UNE BONNE NOUVELLE

A1. Un puzzle. Can you fit the following forms of **aller** in their proper slots: **vais, vas, va, allons, allez, vont**?

a. 1. —Où est-ce que vous _____?   **b.** 4. — Tu _____ en classe?

2. —Nous _____ à Paris.   5. —Non, je _____ à la maison.

—Avec Jacques?   —Et Hélène et Françoise?

3. —Non. Lui, il _____ à Québec.   6. —Elles _____ en classe.

A2. Voyages. On a world map Charles placed pins to mark the places where he and his friends were going for their vacation. Now he explains everyone's plans.

(Annecy) François _va à Annecy._ _____

1. (Genève) Je _____

2. (Paris) Colette _____

3. (San Francisco) Tu _____

4. (Tokyo) Gérard _____

5. (Rome) Mario et Anna _____

6. (Luxembourg) Nous _____

7. (Amsterdam) Vous _____

8. (Londres) André et Robert _____

B1. Le match de football. Today everyone is going home to watch the soccer championship game on television. Write sentences using the verb **rentrer** (*to go back*) followed by **chez** + the appropriate stressed pronoun.

Hélène _rentre chez elle._ _____

1. Je _____

2. Nous _____

3. Tu _____

4. Sophie _____

5. Marie et Antoine _____

6. Vous _____

7. Suzanne et Lucie _____

8. Pierre et Roger _____

B2. **Les voisins de Jacqueline** (*Jacqueline's neighbors*). Jacqueline is selling tickets to the school fair and hopes her neighbors will buy some. For each house she visits, make a complete sentence according to the model.

Philippe	Suzanne	Marc et Louis	Monsieur Moreau	Madame Leblanc	Monsieur et Madame Berthier	Isabelle
Model	1	2	3	4	5	6

Elle va ___*chez Philippe.*___

1. Elle va _____

2. Elle va _____

3. Elle va _____

4. Elle va _____

5. Elle va _____

6. Elle va _____

A3C1. **Projets de week-end** (*weekend plans*). Philippe and his friends are discussing their weekend plans. Say what each one is going to do or not going to do according to the models.

jouer au football? Oui, Philippe *va jouer au football.*

travailler? Non, il *ne va pas travailler.*

1. jouer au tennis? Oui, Isabelle _____

2. étudier? Non, elle _____

3. organiser une surprise-partie? Oui, Jacqueline et Anne _____

_____

4. inviter Jacques? Non, elles _____

5. regarder la télé? Oui, je _____

6. aller en ville? Non, je _____

7. téléphoner à Suzanne? Oui, nous _____

8. téléphoner à Monique? Non, nous _____

———————————

Visites. *In six sentences say to which friend's house you like to go and what you do there.*
Je vais souvent chez Paul. Chez lui, nous regardons la télé.

3.2 LA SAVOIE

A1. Observations. Indicate whether the drawing below contains the items listed.

une voiture? *Il y a une voiture.*＿＿＿＿＿＿＿＿＿＿

une moto? *Il n'y a pas de moto.*＿＿＿＿＿＿＿＿

1. un restaurant? ＿＿＿＿＿＿＿＿＿＿＿＿＿＿＿＿＿

2. un hôtel? ＿＿＿＿＿＿＿＿＿＿＿＿＿＿＿＿＿＿＿

3. une statue? ＿＿＿＿＿＿＿＿＿＿＿＿＿＿＿＿＿＿

4. un taxi? ＿＿＿＿＿＿＿＿＿＿＿＿＿＿＿＿＿＿＿

5. un bus? ＿＿＿＿＿＿＿＿＿＿＿＿＿＿＿＿＿＿＿

6. une bicyclette? ＿＿＿＿＿＿＿＿＿＿＿＿＿＿＿＿

7. des maisons? ＿＿＿＿＿＿＿＿＿＿＿＿＿＿＿＿＿

8. des musées? ＿＿＿＿＿＿＿＿＿＿＿＿＿＿＿＿＿

B1. Êtes-vous bon détective? Each of the following sentences contains an unfamiliar noun. Indicate whether it is masculine or feminine by circling **M** or **F**.

1. **Le téléphone** est là-bas.	**M F**		5. Voici **le bus** de Genève.	**M F**
2. Voici **le train** de Paris.	**M F**		6. Où est **la télévision**?	**M F**
3. J'aime **le tennis**.	**M F**		7. Le football est **le sport** national.	**M F**
4. Jean aime **la musique** moderne.	**M F**		8. Où est **la caméra**?	**M F**

B2. Au bureau de tourisme. Imagine you are traveling in France. In Grenoble you stop off at the *Tourist Office*. The agent suggests things to see, and you ask where they are on your map.

Il y a un stade. *Où est le stade?*＿＿＿＿＿＿＿＿＿＿

1. Il y a un théâtre. ＿＿＿＿＿＿＿＿＿＿＿＿＿＿＿

2. Il y a un musée. ＿＿＿＿＿＿＿＿＿＿＿＿＿＿＿＿

3. Il y a une piscine. ＿＿＿＿＿＿＿＿＿＿＿＿＿＿＿

4. Il y a une université. ＿＿＿＿＿＿＿＿＿＿＿＿＿＿

5. Il y a une cathédrale. ＿＿＿＿＿＿＿＿＿＿＿＿＿＿

6. Il y a des monuments anciens. ＿＿＿＿＿＿＿＿＿＿

7. Il y a des quartiers modernes. ＿＿＿＿＿＿＿＿＿＿

8. Il y a des quartiers anciens. ＿＿＿＿＿＿＿＿＿＿

C1. Une question d'opinion (*a matter of opinion*). Say whether or not you like the following school subjects and why. Use the suggested adjectives.

la géographie (intéressante?) *J'aime la géographie. La géographie est intéressante.*

or *Je n'aime pas la géographie. La géographie n'est pas intéressante.*

1. la danse (amusante?) _____

   _____

2. la musique classique (embêtante?) _____

   _____

3. le français (difficile?) _____

   _____

4. les sciences sociales (intéressantes?) _____

   _____

C2. Généralisations. Christine likes to generalize about everything. Since grammar is not her strong point, she has left out the determiners **le, la** and **les.** Write them in for her.

__*Les*__ Français sont sympathiques.

1. _____ Françaises sont élégantes.
2. _____ campagne française est jolie.
3. _____ cuisine française est excellente.
4. _____ Français sont amusants.
5. _____ monuments français sont anciens.
6. _____ théâtre français est intéressant.

C3.*Jeu de correspondances (*matching game*). Match each word in the left column with the appropriate word in the right column and write a sentence according to the model. Be sure to use the appropriate articles. (Note: *m.* means masculine; *f.* means feminine.)

football (*m.*) *Le football est un sport.* _____ continent (*m.*)
1. histoire (*f.*) _____ fruit (*m.*)
2. nickel (*m.*) _____ animal (*m.*)
3. banane (*f.*) _____ océan (*m.*)
4. biologie (*f.*) _____ métal (*m.*)
5. léopard (*m.*) _____ sport (*m.*)
6. Himalaya (*m.*) _____ science physique (*f.*)
7. Pacifique (*m.*) _____ science sociale (*f.*)
8. Canada (*m.*) _____ nation européenne (*f.*)
9. France (*f.*) _____ nation américaine (*f.*)
10. Europe (*f.*) _____ montagne (*f.*)

_____

Préférences. *Write a short paragraph telling which sports, subjects and forms of entertainment you like. (Use the vocabulary of* **Questions personnelles** *on page 100 of your text.)*

J'aime le tennis.

Nom _____ Date _____

3.3 UN PROGRAMME BIEN ORGANISÉ

V1. Calendrier. Fill in the missing days:

HIER (*yesterday*)	*lundi*				
AUJOURD'HUI	mardi	jeudi	samedi	mercredi	lundi
DEMAIN	*mercredi*				

A1. Une semaine à Paris. Imagine that you are spending a week in Paris. Organize your visit so that each day you will go to one of the spots shown below.

l'Arc de Triomphe les Champs-Élysées le Quartier Latin l'Opéra la Tour Eiffel Les Invalides le Louvre

Lundi, *je vais aller au Quartier Latin.* _____

1. _____
2. _____
3. _____
4. _____
5. _____
6. _____

A2. Au travail! (*to work!*) It is 8 a.m. and everyone is going to his usual place of activity.

François / l'école _*François va à l'école.*_ _____

1. le professeur / l'université _____
2. le docteur / l'hôpital _____
3. le chimiste / le laboratoire _____
4. le pharmacien / la pharmacie _____
5. l'athlète / le stade _____
6. le pilote / l'aéroport _____

A3.*Où sont-ils? Roger cannot find his friends, but he knows what they like to do. Help Roger by telling him that his friends are at their favorite spots. Choose from among the following places: **la campagne, les Champs-Élysées, le concert, le musée, le cinéma, le restaurant, le stade, le théâtre, l'université.**

ROGER: VOUS:

Jacques aime les sports. *Il est au stade.*

1. Hélène aime la musique. _____

2. Antoine aime la bonne cuisine. _____

3. Élisabeth aime les sculptures modernes. _____

4. Raymond aime les «westerns». _____

5. Édouard aime les tragédies modernes. _____

6. Agnès aime étudier. _____

7. Irène aime les avenues de Paris. _____

8. Françoise aime la nature. _____

B1. Fana de la télé (*TV addict*). Think of six TV shows which you especially like. Then write which day you watch each of them according to the model.

Le samedi, je regarde «All in the family».

1. _____
2. _____
3. _____
4. _____
5. _____
6. _____

_____

Promenades (*walks and rides*). *In six sentences describe the various places where you go on weekends (or after school). You may use the words in the* **Vocabulaire spécialisé** *on page 97 of your text.*

_____
_____
_____
_____
_____
_____

3.4 L'OPINION DE FRANÇOIS

V1. Vrai ou faux? If the answer to the problem is correct, circle **V** (for **vrai**). If it is wrong, circle **F** (for **faux**) and write in the correct answer.

      V Ⓕ   20 + 11 =trente-deux *trente et un*_____

1. V F   18 + 3 =vingt-huit _____

2. V F   30 + 15 =trente-cinq _____

3. V F   30 + 10 =quarante _____

4. V F   59 + 3 =soixante-deux _____

5. V F   50 + 5 =cinquante-cinq _____

6. V F   63 + 3 =cinquante-six _____

7. V F   21 + 40 =soixante-deux _____

8. V F   30 + 30 =trente _____

9. V F   13 + 2 =seize _____

10. V F   15 + 3 =dix-neuf _____

A1. Rendez à César (*render unto Caesar*). César likes green. His friend Marius likes gray. Identify the owner of the following objects.

      la moto verte *C'est la moto de César.*_____

1. le sac gris _____

2. l'Alfa-Roméo verte _____

3. la Citroën grise _____

4. la maison verte _____

5. les livres verts _____

6. la bicyclette grise _____

B1. Le voyage est fini. (*The trip is over.*) A group of American students is on a tour of Europe. They have just spent some time in Paris and are meeting at Orly airport. Each one says where he or she is coming from.

      Roger: la rue de Sèvres *J'arrive de la rue de Sèvres.*_____

1. Henry: le boulevard Saint-Germain _____

2. Betty: les Champs-Élysées _____

3. Bob: le Louvre _____

4. Judy: l'hôtel _____

5. Frank: le restaurant _____

6. Alice: les Invalides _____

7. Dick: la Tour Eiffel _____

8. Joy: les boutiques de la rue Saint-Honoré _____

B2. Un jeu de correspondances. Match the following countries with the capitals listed at the end of the exercise. Remember to use the definite article with the name of each country.

le Canada *Ottawa est la capitale du Canada.*

1. les États-Unis _____

2. la France _____

3. l'Italie _____

4. le Mexique _____

5. l'Union Soviétique _____

6. la Chine _____

Capitals: **Mexico, Moscou, Ottawa, Paris, Pékin, Rome, Washington**

B3.* Daltonisme (*color blindness*). Robert is color-blind. Correct his statements according to the model.

Robert: Le professeur a une voiture bleue. (rouge)

Vous: *Non, la voiture du professeur est rouge.*

1. Robert: Le docteur Seringue a une maison jaune. (verte)

   Vous: _____

2. Robert: L'ami de François a une bicyclette grise. (noire)

   Vous: _____

3. Robert: Les amies de Christine ont un chalet rouge. (jaune)

   Vous: _____

4. Robert: La cousine de Paul a un sac vert. (bleu)

   Vous: _____

C1. Une existence bien remplie (*a busy life*). What was your schedule yesterday? Complete the sentences below.

J'arrive en classe à *neuf heures du matin.*

1. J'ai une classe de français à _____

2. J'ai une classe de math à _____

3. Je rentre chez moi à _____

4. Je dîne à _____

5. Je regarde la télévision à _____

_____

Couleurs. *Ask six friends what color their father's or mother's car is. Report your findings.* (*Note:* **le père** = *the father;* **la mère** = *the mother*)

La voiture du père de Richard est bleue.

3.5 ROGER A UNE PETITE AMIE

V1. Les mois de l'année. Fill in the missing months.

HIVER		février	
PRINTEMPS		mai	
ÉTÉ			septembre
AUTOMNE	octobre		

A1. Nouveaux visages (*new faces*). Henri, a French exchange student who has just arrived at your school, is asking who various people are. Complete his questions with the appropriate forms of **ce**, **cet**, **cette** or **ces**.

Qui est ___*ce*_____ garçon là-bas? Et ___*ces*_____ filles? Et _____ monsieur? Et _____ dames? Et _____ ami? Et qui est _____ fille avec un sac rouge? Et _____ professeurs dans la voiture bleue? Et _____ dame avec un sac jaune? Et _____amie? Et _____ grands garçons? Et _____ deux filles avec eux?

A2. Une guide expérimentée (*an experienced guide*). Now that Nancy knows her way around Paris, she is showing the city to a friend. Complete her sentences with **ce**, **cet**, **cette** or **ces**.

1. _____ musée est le musée du Louvre.

2. _____ rue est la rue Duroc.

3. _____ restaurant est le restaurant Prunier.

4. _____ hôtel est un hôtel confortable.

5. _____ maison est une maison très ancienne.

6. _____ magasins sont très élégants.

7. _____ fille est une amie.

8. _____ garçons sont des amis.

B1. Curieux Roger. When Colette goes out, Roger always wants to know with whom. Write his questions according to the model.

COLETTE: ROGER:

Je dîne avec un ami américain. _*Quel ami américain?*_____

1. J'invite une amie. _____

2. Je rentre avec des filles. _____

3. Je téléphone à un garçon. _____

4. Je vais au théâtre avec des Anglais. _____

5. Je vais en ville avec des amies. _____

6. Je vais à Paris avec des amis français. _____

C1. Le calendrier de Pierre. Pierre explains which days he marked in red on his calendar. Write out the dates as he would say them. (Note: In French abbreviations, the day comes before the month.)

11/1 L'anniversaire de Papa, *c'est le onze janvier.*

1. 14/2 La Saint-Valentin, _____

2. 21/3 Le premier jour du printemps, _____

3. 4/5 L'anniversaire de Maman, _____

4. 30/6 Le commencement des vacances, _____

5. 14/7 Mon anniversaire et la fête nationale, _____

6. 20/8 L'anniversaire de Paul, _____

Calendrier (*datebook*). *Tell which are the six most important dates of the year for you and why.*

Le 6 juillet est une date importante: je vais aller à Montréal.

_____

_____

_____

_____

_____

_____

Activités de compréhension orale

3.1.Act.3. Listening for signals **3.1.Act.6.** Listening for signals **3.1.Act.8.** Listening for signals

	être	aller
	A	**B**
Model	✔	☐
1.	☐	☐
2.	☐	☐
3.	☐	☐
4.	☐	☐
5.	☐	☐
6.	☐	☐
7.	☐	☐
8.	☐	☐
9.	☐	☐
10.	☐	☐

	now	later
	A	**B**
1.	☐	☐
2.	☐	☐
3.	☐	☐
4.	☐	☐
5.	☐	☐
6.	☐	☐
7.	☐	☐
8.	☐	☐

	home	to someone's house
	A	**B**
Model (a)	✔	☐
Model (b)	☐	✔
1.	☐	☐
2.	☐	☐
3.	☐	☐
4.	☐	☐
5.	☐	☐
6.	☐	☐
7.	☐	☐
8.	☐	☐

3.2.Act.4. Listening for signals **3.3.Act.5.** Listening for signals

	le	la
	A	**B**
Model	✔	☐
1.	☐	☐
2.	☐	☐
3.	☐	☐
4.	☐	☐
5.	☐	☐
6.	☐	☐
7.	☐	☐
8.	☐	☐

	A	**B**
1.	☐	☐
2.	☐	☐
3.	☐	☐
4.	☐	☐
5.	☐	☐
6.	☐	☐
7.	☐	☐
8.	☐	☐

3.4.Act.7. Listening for signals

	A	**B**
Model (a)	✔	☐
Model (b)	☐	✔
1.	☐	☐
2.	☐	☐
3.	☐	☐
4.	☐	☐
5.	☐	☐
6.	☐	☐
7.	☐	☐
8.	☐	☐

3.4.Act.6. Understanding numbers

13	14	15	16	17	18	19	20	21	26	28	29	30	32
33	40	42	43	50	52	55	56	58	60	62	66	69	

3.5.Act.5. Listening for dates

	winter	spring	summer	fall
	A	**B**	**C**	**D**
Model	☐	☐	✔	☐
1.	☐	☐	☐	☐
2.	☐	☐	☐	☐
3.	☐	☐	☐	☐
4.	☐	☐	☐	☐
5.	☐	☐	☐	☐
6.	☐	☐	☐	☐
7.	☐	☐	☐	☐
8.	☐	☐	☐	☐

3.5.Act.6. Listening for signals

	ce	cette
	A	**B**
1.	☐	☐
2.	☐	☐
3.	☐	☐
4.	☐	☐
5.	☐	☐
6.	☐	☐

Récréation culturelle

Paris

Paris a de nombreux monuments . . .

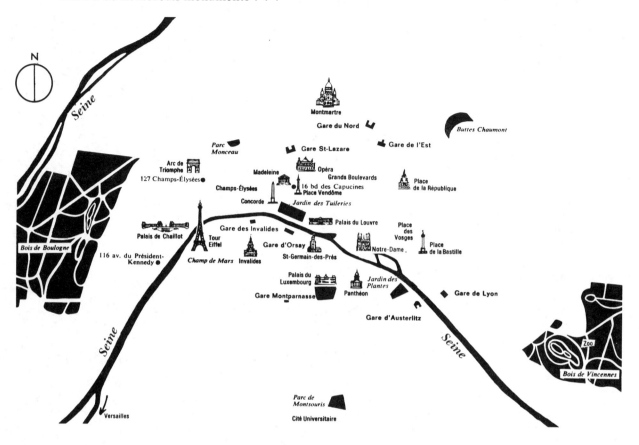

les principaux monuments parisiens

. . . et d'excellents restaurants.

■ Restaurants à cuisine spécialisée : "Pour tous les goûts" ■
Restaurants with specialised cuisine : "To suit all tastes"

	Foie gras					Tripes - Tripe		
XX	Relais Dauphine	. .	6ᵉ	21	X ✿	Pharamond	1ᵉʳ	19

	Produits de la mer - Sea-food					Viandes de choix - Meat		
XXXX ✿✿	Drouant		2ᵉ	18	XXX	Trois Limousins (Aux)	8ᵉ	26
XXXX ✿	Prunier-Duphot . .		1ᵉʳ	18	XX ✿	Bœuf Couronné . .	19ᵉ	36
XXX	Duc (Le)		14ᵉ	31	XX	Charbon de Bois . .	16ᵉ	33
XX ✿	Louis XIV (Le). . .		10ᵉ	28	XX ✿	Cochon d'Or	19ᵉ	36
XXX ✿	Marius		16ᵉ	32	XX ✿	Dagorno	19ᵉ	36
XXX ✿	Prunier-Traktir . .		16ᵉ	32	XX	Pied de Cochon (Au) .	1ᵉʳ	18
XX ✿	Chalut (Le)		17ᵉ	34				
XX	Janine de Cancale . .		16ᵉ	32		Fromages - Cheese		
XX	Mommaton (Neuilly) . .			42	XXX ✿	Androuet	8ᵉ	26
XX	Rech		17ᵉ	34	XX	Rech (Camembert) .	17ᵉ	34
XX	Charlot le Roi des Coquillages . .		9ᵉ	28		Dégustation de Vins - Wine tasting		
XX	Wepler		18ᵉ	36	X	Œnothèque (L') . . .	7ᵉ	23

ACTIVITÉ STYLISTIQUE: Une semaine à Paris

Imagine that you are spending a week in Paris. You have just arrived at your hotel and you must fill out the form below.

FICHE DE VOYAGEUR

Nom et Adresse de l'Hôtel

HOTEL LA BOËTIE

Ch. N°..............

81, rue La Boëtie - PARIS-8ᵉ

NOM : ....
Name in Capital letters   (écrire en majuscules)
Name bitte schreiben im letter

Nom de jeune fille : ....
Maiden Name
Madchenname

Prénoms : ....
Christian Names
Vornamen

Né le : .... à ....
Date and place of birth
Geburtsdatum und Geburtsort

Département (ou pays pour l'étranger) ....
Country
Bezirk oder Land

Profession :................................
Occupation
Beruf

Domicile habituel : ....
Home address
Wohnsitz

NATIONALITÉ
Nationality
Nationalitat

T. S. V. P.

Nombre d'enfants de moins de 15 ans accompagnant

le chef de famille : ....
Number of children under 15 with the head of the family
Zahl der begleltenden Kindern unter 15 Jahren

PIÈCES D'IDENTITÉ PRODUITES
Identitatspapiere

Nature : ....
(Kind)

Pour les Étrangers seulement
(for aliens only)
CARTE D'IDENTITÉ OU PASSEPORT
Certificate of identity or passeport
(Cross out word not available)

N° :....................**Délivré le :** ....
N°   *issued on*
Nummer   Augehandigt am

à ....**par**...................
at   *by*
in   beim

Date d'entrée en France : ....
Date of entry into France
In Frankreich eingetreten am

...................................**le** ....

Signature :
(Unterschrift)

IMP. MENDIBOURE - PARIS

On a separate sheet of paper, plan your week in Paris and indicate what you will do each day. Determine which monuments you will visit and where you will eat. Use the information found on the map of Paris and select restaurants from the list. You may use the following expressions:

NOMS: **cinéma, musée, restaurant, théâtre, hôtel, jours de la semaine**
VERBES: **aller, visiter, dîner, regarder**
CONSTRUCTION: **aller** + infinitif

ACTIVITÉS CULTURELLES

(*You may do the following activities in English.*)
a. Write a brief historical sketch of Paris.
b. Select a monument in Paris and explain why it is famous.
c. Select three of the following French cities and tell which monuments or buildings you would like to visit in each one: Avignon, Chartres, Carcassonne, Nîmes, Chenonceaux, Versailles, Rouen, Amiens. (Source: encyclopedia)

Chapitre quatre: **Passe-temps**

■■

INTRODUCTION: *What you will do and learn in Chapter 4*

Module openings:

Several French teen-agers talk about their hobbies and their leisure activities.

Notes culturelles:

You will learn about soccer, which is the French national sport, about ballet, which is of French origin, and about **la Maison des Jeunes**, which is the equivalent of the American "Y". You will also learn about the French family.

In **Lisons** you will read about the surprise gift that a French boy received on his birthday.

Activités:

You will learn how:

to count from 70 to infinity	4.5 **Vocabulaire spécialisé**
to give your age	**4.3B**
to talk about your activities, especially sports, music and art	**4.1B**
to ask your friends about their activities	**4.1A, 4.1B**
to talk about each member of your family	4.3 **Vocabulaire spécialisé**
to state whether something belongs to you or to other people	**4.3A, 4.4A, 4.4B, 4.5A**

Structure:

You will learn a new verb, **faire** (*to do, to make*), which is used in many French expressions. You will also learn how to express possession.

4.1 À LA MAISON DES JEUNES

A1. **Une lettre.** You are writing to a French pen pal about what you do and like. Finish the letter by asking what your pen pal does and likes. Use the expression **qu'est-ce que** + the underlined verb.

J'étudie le français. A la maison, je parle anglais. J'aime la musique. A la télévision, je regarde toujours les comédies musicales. Le week-end, je fais du sport. Pour Noël je désire une guitare.

Et toi, *qu'est-ce que tu étudies ?* _____

1. _____ à la maison?

2. _____

3. _____ à la télévision?

4. _____ le week-end?

5. _____ pour Noël?

B1. **Excuses.** Bernard asks his friends to help him, but they all find an excuse not to. Complete the excuses with the appropriate forms of **faire**.

1. Nous, nous _____ du piano.

2. Hélène et Robert _____ un match de tennis.

3. Toi, tu _____ de l'anglais.

4. Moi, je _____ du basketball.

5. Et vous, qu'est-ce que vous _____? de la poterie?

6. Henri _____ du sport avec ses amis.

B2. **Au conservatoire.** The following people are on their way to the music school. Say which instrument each one plays.

Bernard a un banjo. *Il fait du banjo.* _____

1. Michèle a une guitare. _____

2. Pierre a un trombone. _____

3. François et Henri ont un saxophone. _____

4. Tu as une clarinette. _____

5. Vous avez un tuba. _____

6. Suzanne a une trompette. _____

Révisons: Une interview. You went to interview the famous world travelers, Marc and Jacques Cassecou, for your school paper. Only Marc was there. Here is what he told you about their activities. Transcribe your notes, replacing **je** by **il**, **nous** by **ils**, and making all other necessary changes.

Cet hiver nous allons en Chine. *Cet hiver ils vont en Chine*

1. Je vais visiter Pékin. --

2. Nous faisons des conférences (*lectures*). ------------------------------------

3. Je fais du sport. ---

4. Nous faisons du tennis. --

5. En été, nous sommes toujours en Afrique. ------------------------------------

6. Oui, je suis aussi photographe. --

7. J'ai une excellente caméra. --

8. Nous avons des photos de l'Himalaya. ---------------------------------------

Révisons: Un puzzle. Jerry knows that for each portrait the slots can be filled in with **est, a, va** or **fait**, but he does not know which verb goes where. Help him.

1. Pierre ------------ très athlétique. Il ------------ du tennis. Il ------------ une belle raquette. Il ------------ au stade.

2. Jacqueline -------------- française. En classe, elle -------------- de l'anglais. Elle ------------ des cousins américains. Cet été, elle ------------ aller chez eux.

3. Suzanne --------- très musicienne. Elle --------- une guitare. Elle ---------- aussi du piano. Ce soir, elle ------------ au concert avec des amis.

4. Jean-Louis ------------ du ski. Il ------------ un chalet dans les montagnes où il ------------ en hiver. C' ------------ un excellent skieur.

Passe-temps. *Ask six of your friends what their favorite hobbies are and report your findings. You may use some of the words listed in the* **Vocabulaire spécialisé** *on page 135 of your text.*

4.2 MATCH DE FOOTBALL OU MATCH DE TENNIS?

A1. **Les professeurs.** Before going to Parents' Night, your parents ask you the names of your teachers. Answer them according to the model.

français *Mon professeur de français s'appelle Madame Smith.*

1. histoire _____

2. sciences _____

3. anglais _____

4. mathématiques _____

5. éducation physique _____

6. musique _____

A2. **Cadeaux de Noël** (*Christmas presents*). Imagine you are a salesman in a French department store. Your clients are looking for Christmas gifts. They tell you what their children like, and you suggest an appropriate item, according to the model.

LE CLIENT: VOUS:

Il aime le jazz.   Voici des disques *de jazz.*

1. Elle aime la musique pop.   Voici un disque _____

2. Il aime le tennis.   Voici une raquette _____

3. Elle aime l'histoire.   Voici un livre _____

4. Il aime le ping-pong.   Voici des balles _____

5. Elle aime le golf.   Voici des clubs _____

6. Il aime les photos.   Voici un album _____

7. Elle aime l'anglais.   Voici un dictionnaire _____

8. Il aime le baseball.   Voici une batte _____

B1. **L'autre Claude.** After writing the following paragraph about Claude's activities, you realize that Claude is a girl and not a boy. Rewrite the paragraph accordingly, replacing **il** by **elle** when **il** means *he*.

Claude adore les sports. Quand il fait frais en automne, il fait du tennis. En hiver, quand il neige, il fait du ski. Quand il a froid, il fait du basketball avec des amis. Au printemps il fait du golf, même (*even*) quand il pleut. En été, quand il fait beau, il fait du volleyball et quand il a très chaud, il va à la plage.

Claude adore les sports. Quand il fait frais en automne, elle fait du tennis. _____

_____

_____

_____

_____

_____

B2. Météorologie. For each season, describe the weather in your part of the country.

1. En été, _____
2. En automne, _____
3. En hiver, _____
4. Au printemps, _____

———————

Horaire (*class schedule*). *Write out your schedule of classes for tomorrow.*

A neuf heures, j'ai une classe de français.

_____

_____

_____

_____

_____

_____

_____

_____

4.3 PHOTOS DE FAMILLE

A1. Un coup de main (*a helping hand*). You are helping a French friend move out of his apartment, and he points to various possessions. Put the objects of masculine gender in box **A**, and those of feminine gender in box **B**.

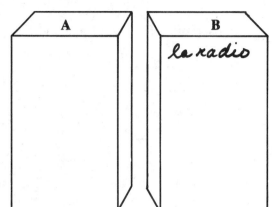

Voici ma radio.

1. Voici ma télévision.

2. Ma lampe est là-bas.

3. Voici ma table et mon sofa.

4. Mon banjo et ma clarinette sont ici.

5. Voila ma raquette et mon ballon de football.

6. Voici mon réfrigérateur et mon ventilateur.

A2. Portraits de famille. Complete the following family tree by filling in the appropriate possessive adjectives and the names of the people in your family. Add other boxes if needed.

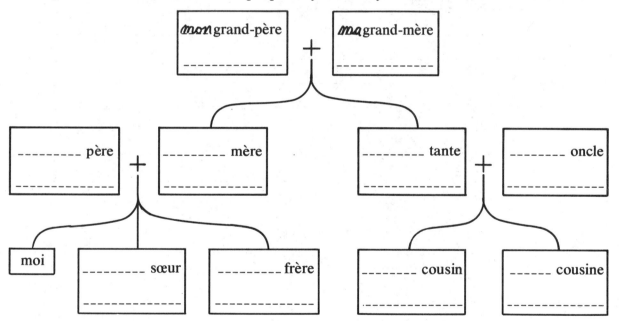

A3. Facile à prouver (*easy to prove*). Jacques and Nadine never quarrel about what belongs to whom: Jacques's things are blue and Nadine's are red. Play the role of Jacques as he and his sister sort out their things.

une raquette rouge *C'est ta raquette.* _____

des disques bleus *Ce sont mes disques.* _____

1. un livre rouge _____

2. une bicyclette bleue _____

3. des disques rouges _____

4. un sac rouge _____

5. un transistor bleu _____

6. une lampe bleue _____

7. des albums bleus _____

8. un vélomoteur rouge _____

B1. **Indiscrétion.** Give your age and that of five people listed in Exercise A2.

1. _____

2. _____

3. _____

4. _____

5. _____

6. _____

_____

Ma famille. *Give the first names of the different members of your family according to the model.*

Mon père s'appelle Robert.

_____

_____

_____

_____

_____

_____

4.4 UNE FAMILLE D'ARTISTES

A1. **A l'aide de Patty** (*helping Patty*). Patty does not understand how to use **son**, **sa** and **ses**. Help her fill in the blanks in these two dialogues.

a. —Comment trouves-tu le frère
    de Judy?

1. —_____ frère est idiot.

2. —Et _____ sœur?

3. —_____ sœur est stupide.

4. —Et _____ parents?
    —Eux, ils sont sympathiques.

b. —Où habite Marc?
    —A Paris

5. —Et _____ cousine Antoinette?
    —A Marseille.

6. —Et _____ cousin Martin?

7. —Il habite à Genève avec _____
    grands-parents.

A2. **Rangement** (*cleanup*). Your brother Jacques and your sister Françoise are away at camp. You are cleaning out the attic and have put their belongings into two piles. When your mother comes up, you tell her what is in each pile.

Les affaires de Jacques: 1. un sac 2. une caméra 3. des livres 4. un transistor 5. des skis 6. une raquette 7. une guitare

Les affaires de Françoise: 1. un livre de musique 2. un album de photos 3. des photos 4. un électrophone 5. des disques 6. une flûte 7. une raquette de tennis

Maman, voici les affaires de Jacques.

1. *Voici son sac*_____
2. _____
3. _____
4. _____
5. _____
6. _____
7. _____

Et voici les affaires de Françoise.

1. *Voici son livre*_____
2. _____
3. _____
4. _____
5. _____
6. _____
7. _____

A3B1. **Le festival de rock.** Your friends are arriving at the festival with their own instruments. Fill in the blanks with **son, sa, ses, leur** or **leurs**. (To check the gender of the instruments, see the **Vocabulaire spécialisé** on page 153 of your text.)

1. Bertrand arrive avec _____ trompette.

2. Jacques arrive avec _____ saxophone.

3. Irène et Denise arrivent dans _____ voiture avec _____ guitares.

4. Albert et Henri arrivent avec _____ banjos.

5. Les amis d'André arrivent avec _____ clarinettes.

6. Jacques arrive sur _____ bicyclette avec _____ guitare.

C1. Le sportif et la musicienne. Alain likes sports, Domitille likes music. Imagine a dialogue in which their father tells who is the owner of each object and their mother is of the same opinion.

	LE PÈRE:	LA MÈRE:
Une guitare	*Cette guitare est à Domitille.*	*Oui, c'est sa guitare.*
1. un ballon		
2. un électrophone		
3. des balles de tennis		
4. des disques		
5. une raquette		
6. une flûte		

La famille de mon ami (*my friend's family*). *In five sentences describe the different members of the family of one of your friends according to the model.*

Mon ami s'appelle Paul. Son père travaille en ville. Sa sœur va à l'université, etc.

4.5 CHEZ LE MARCHAND DE TIMBRES

V1. Un vieux magazine (*an old magazine*). Janet found an old French magazine. On one page some of the numbers had partly faded. Write in the complete numbers.

75 soixante-*quinze*_____

1. 80 _____-vingts
2. 70 _____-dix
3. 92 quatre-_____ -douze
4. 89 quatre-vingt-_____

5. 79 _____-_____-neuf
6. 98 _____-vingt-_____-huit
7. 71 _____ et _____
8. 91 quatre-_____-_____

V2. L'arbre généalogique (*family tree*). François Durant is filling in his family tree. Help him complete the birth dates by filling in the missing words.

Albert Durant (1802)	dix-huit cent *deux*_____
1. Léonard Durant (1828)	dix-huit cent _____
2. Joseph Durant (1855)	dix-huit cent _____
3. Louis Durant (1877)	dix-huit _____
4. Henri Durant (1899)	dix-huit _____
5. Marc Durant (1925)	dix-neuf _____
6. Jean-Marc Durant (1952)	_____

A1. Étourdis (*absentminded*). Michel and Jacques are rather absentminded and forget where they leave their belongings. Complete the boys' questions with **notre** or **nos** and then answer according to the model using **votre** or **vos**.

MICHEL ET JACQUES: VOUS:

Où sont _*nos*___ timbres? *Ils sont dans votre*_____album.

1. Où est _____ transistor? _____voiture.
2. Où est _____ voiture? _____garage.
3. Où sont _____ photos? _____albums.
4. Où sont _____ raquettes? _____sacs de sport.
5. Où sont _____ livres? _____sac de classe.
6. Où est _____ sac de classe? _____chambre.

A2. Objets perdus (*lost and found*). Anne-Marie and Marie-Anne are twins. Whenever they cannot find their things, their mother knows where they are. Write out the twins' questions and their mother's answers, according to the model.

ANNE-MARIE AND MARIE-ANNE:

les skis *Où sont nos skis?*

THEIR MOTHER:

Voilà vos skis.

1. les livres _____ _____

2. les disques _____ _____

3. l'électrophone _____ _____

4. le transistor _____ _____

5. la caméra _____ _____

6. la collection de cartes postales _____ _____

_____ _____

B1. Recensement (*census*). Imagine you are working for the Census Bureau and that your job is to determine the standard of living of the people in a certain neighborhood. Ask how many of the following things they have.

voitures? *Combien de voitures avez-vous?*

1. téléphones? _____

2. télévisions? _____

3. radios? _____

4. bicyclettes? _____

5. électrophones? _____

6. réfrigérateurs? _____

_____

Objets. *Describe the following family belongings, giving some of their characteristics:* **votre voiture; votre maison; votre télé; votre électrophone.**

Notre voiture est une Pinto. Elle est rouge. C'est une petite voiture américaine.

_____

_____

_____

_____

_____

_____

_____

_____

_____

_____

Activités de compréhension orale

4.1.Act.5. Listening for signals

	être	avoir	aller	faire
	A	**B**	**C**	**D**
1.	☐	☐	☐	☐
2.	☐	☐	☐	☐
3.	☐	☐	☐	☐
4.	☐	☐	☐	☐
5.	☐	☐	☐	☐
6.	☐	☐	☐	☐
7.	☐	☐	☐	☐
8.	☐	☐	☐	☐
9.	☐	☐	☐	☐
10.	☐	☐	☐	☐

4.2.Act.5. Listening for signals

	A	**B**
1.	☐	☐
2.	☐	☐
3.	☐	☐
4.	☐	☐
5.	☐	☐
6.	☐	☐
7.	☐	☐
8.	☐	☐

4.3.Act.5. Listening for signals

	mon, ton	ma, ta
	A	**B**
1.	☐	☐
2.	☐	☐
3.	☐	☐
4.	☐	☐
5.	☐	☐
6.	☐	☐
7.	☐	☐
8.	☐	☐

4.4.Act.6. Listening for signals

Sylvie   Jacques et Pierre

	A	**B**
1.	☐	☐
2.	☐	☐
3.	☐	☐
4.	☐	☐
5.	☐	☐
6.	☐	☐
7.	☐	☐
8.	☐	☐

4.5.Act.5. Understanding numbers

70 71 72 73 75 78 79 80 89 90 91 95 96 97 98 99

100 101 109 110 111 191 201 231 1000 1001 1011 1031

2000 2300 3000 3200 20.000 200.000 2.000.000

4.5.Act.6. Understanding addresses

1. Robert: ☐ rue Lepic

2. Martine: ☐ boulevard des Invalides

3. M. Marin: ☐ rue La Fayette

4. Mme Dumas: ☐ avenue du Maine

5. Marie et Antoinette: ☐ avenue de New York

6. Jules et César: ☐ boulevard des Italiens

7. Jacques et Gilles: ☐ rue de Sèvres

8. M. Charles Magne: ☐ place de la République

Récréation culturelle

Les timbres français

Sports:

Sites et monuments:

Artistes:

UN JEU

a. The first group of stamps depicts various French sports. Write the name of each sport below the appropriate stamp.
Sports: **l'athlétisme, le basketball, le canoë, le hockey, le judo, la natation, le ski, le ski nautique, le vélo**

b. The second group of stamps represents various places. Write the name of each place below the appropriate stamp.
Places: **un aéroport, un château, une église, un observatoire, un monument, une plage, un port**

c. The third group of stamps commemorates the works of famous French artists. Write the name of the artist below the appropriate stamp.
Artists: **Cézanne, Chagall, Gauguin, Matisse, Renoir, Toulouse-Lautrec**

ACTIVITÉS STYLISTIQUES

a. On a separate sheet of paper, write a paragraph in French about your favorite sport. What is it? Why do you like it? Do you often practice? When? Where? With whom? Do you watch it on TV?

b. On a separate sheet of paper, write a short paragraph about one of your hobbies.

ACTIVITÉS CULTURELLES

a. Write a brief biographical sketch, in English, on one of the artists whose work is illustrated on the opposite page.

b. Make a list of ten French artists, giving the dates of their birth and death.

c. Look at an art book which contains reproductions of works of one of these artists. Decide which painting or work of this artist you like best.

Chapitre cinq: «La Leçon»

▪▪

INTRODUCTION: *What you will do and learn in Chapter 5*

Module openings:

The story you will read is a little drama in five acts which revolves around a school play. Jean-Paul, the principal actor, brings his friends home after the performance. There, they have a surprise.

In **Lisons** you will read how to make **crêpes**, which are a popular French dessert.

Notes culturelles:

You will learn more about aspects of French life, especially about the **café**, which is a favorite meeting place for many teen-agers.

Activités:

You will learn how:

to tell the exact time	**5.1 Vocabulaire spécialisé, 5.2 Vocabulaire spécialisé**
to talk about the foods you like	**5.2B**
to read a French menu and order a meal in a French restaurant	**5.3A, 5.3 Vocabulaire spécialisé, 5.4 Vocabulaire spécialisé**
to prepare a shopping list	**5.3A, 5.3 Vocabulaire spécialisé**
to make suggestions to your friends	**5.1B, 5.2A**
to give warnings	**5.1B**

(Beginning with this chapter, the direction lines of the various activities in your text are in French.)

Structure:

You will learn a new determiner, the partitive article, which is used with nouns designating things you cannot count. You will also learn the direct object pronouns and a new verb form, the imperative.

5.1 Acte I. LES RECOMMANDATIONS DES PARENTS

V1. **A Orly.** Imagine that you are working at Orly airport. Write down when each plane lands, according to the model.

New York   *L'avion de New York arrive à 3 heures et demie.*

1. Calcutta

2. Lisbonne

3. Londres

4. Bruxelles

A1. **A prendre et à ne pas laisser** (*take it–don't leave it*). To perform certain activities, people must take along certain things. Complete the following sentences by writing what each person must take. Use the appropriate form of **prendre** and one of the following objects: **appareil-photo, clé, bicyclettes, guitare, livres, photos, raquette, montre, voiture.**

Quand mon père va en ville, il *prend sa voiture.*

1. Quand je vais jouer au tennis, je _____

2. Quand les touristes visitent une ville, souvent ils _____

3. Quand un guitariste joue, il _____

4. Quand tu fais des photos, tu _____

5. Quand Charles et ses amis font un pique-nique à la campagne, ils _____

6. Pour être sûr de l'heure, vous _____

7. Quand ma mère quitte (*leaves*) la maison, elle _____

8. Quand nous allons à l'école, nous _____

B1. **Bon conseil** (*good advice*). Your three friends, John, Jim and Jerry, are telling you what they like to do. You first advise John to do it. Then you give the same advice to Jim and Jerry.

JOHN, JIM ET JERRY:	VOUS (*à John*):	VOUS (*à Jim et Jerry*):
Nous aimons voyager.	*Alors, voyage !*	*Eh bien, voyagez !*
1. Nous adorons danser.		

2. Nous aimons inviter des amis. ------------------------------------

3. Nous aimons téléphoner. ------------------------------------

4. Nous aimons aller en ville. ------------------------------------

5. Nous adorons faire du ski. ------------------------------------

6. Nous aimons prendre des photos. ------------------------------------

B2. Jalousie. Paul does not mind when his girl friend Brigitte goes out with other girls. But he is not happy when she goes out with boys. Write his advice to Brigitte as she tells him of her plans.

BRIGITTE: PAUL:

Ce soir, je dîne avec Henri. *Non, ne dîne pas avec Henri.* ------------

Ce soir, je dîne avec Nathalie. *D'accord, dîne avec Nathalie.* ------------

1. Demain, je joue au tennis avec Marc. ------------------------------------

2. Demain je joue au ping-pong avec Monique. ------------------------------------

3. Ce week-end, je fais du piano chez Philippe. ------------------------------------

----

4. Ce week-end, je fais de la poterie chez Nicole. ------------------------------------

----

5. Vendredi, je téléphone à François. ------------------------------------

6. Vendredi, je téléphone à Michèle. ------------------------------------

7. Samedi, je vais chez Charles. ------------------------------------

8. Samedi, je vais chez Béatrice. ------------------------------------

----

Au bureau de tourisme (*at the Tourist Office*). *Imagine that you are working at the Tourist Office of your state. A group of French tourists ask for suggestions as to what they might do. Advise them, using the imperative forms of verbs such as* **aller, prendre, visiter, regarder, passer par.**

5.2 Acte II. « LA LEÇON »

V1. Un enchantement (*magic spell*). A magic spell has fallen on the mythical French village of Toudétraqué: all clocks are fifteen minutes slow. You are to correct for this error and write down the real times. (Note: **en fait** means *in fact*.)

En fait, il est six heures et quart.

1. _____
2. _____
3. _____
4. _____
5. _____
6. _____

A1. Deux copieurs (*two copycats*). Whenever their friends do something, Charles and François decide to imitate them. Write down what they say to each other.

Gilles joue au tennis. *Jouons aussi au tennis!*

1. Isabelle dîne en ville. _____
2. Nicole téléphone. _____
3. Jean-Paul étudie. _____
4. Nicole regarde la télévision. _____
5. Martine collectionne les timbres. _____
6. André fait du piano. _____
7. Jean-Louis va au cinéma. _____
8. Hubert prend le bus. _____

A2. Résolutions du Jour de l'An (*New Year's resolutions*). Madame Malherbe complains about all the things she does not do. Since it is New Year's Eve, Monsieur Malherbe promises her that everything will be done.

MADAME MALHERBE: MONSIEUR MALHERBE:

Je ne dîne jamais en ville. *Dînons en ville!*

1. Je ne danse jamais. _____
2. Je ne voyage jamais. _____
3. Je ne vais jamais au théâtre. _____
4. Je ne regarde jamais la télé. _____
5. Je ne fais jamais de tennis. _____
6. Je n'écoute jamais de concert. _____

B1. **Bon voyage!** Imagine that a friend is talking to you about her forthcoming trip to France. She mentions the following places. Suggest that she visit each one, using object pronouns.

la Tour Eiffel *Visite-la !* --

1. le Quartier Latin --

2. les Invalides ---

3. la Savoie ---

4. la cathédrale de Chartres --

5. les musées de Paris ---

6. la Normandie ---

7. le musée d'Art Moderne ---

8. les monuments de Nîmes --

B2. **Un passionné de télévision** (*a TV fan*). The following TV programs are listed for the coming weekend. Robert suggests to his friends that they watch each of the programs. Write out his suggestions, using object pronouns.

un match de football *Regardons-le !* ------------------------------------

1. un «western» --

2. un débat politique ---

3. une comédie musicale --

4. une pièce --

5. des documentaires ---

6. des films --

Suggestions pour le week-end. *Write down six suggestions of things to do with your friends during the weekend.*

Allons au cinéma!

Nom_____ Date _____

5.3 Acte III. UNE BONNE SURPRISE

A1. Philippe a une idée derrière la tête. (*Philippe has an idea in the back of his mind.*) Philippe is so enthused by his mother's menu that he repeats, quite appreciatively, the name of each dish. As you will see, there is a reason for his enthusiasm. Fill in the blanks with **du**, **de la** or **de l'** + the name of the dish.

MADAME MOREL:

Pour le dîner il y a de la soupe.

1. Il y a aussi du jambon.
2. Après il y a de l'agneau.
3. Il y a aussi de la salade.
4. Après, il y a du fromage.
5. Il y a aussi de la glace.
6. Et il y a du gâteau.

PHILIPPE:

De la soupe! _____ Magnifique!

_____ Sensationnel!

_____ Magnifique!

_____ Splendide!

_____ Formidable!

_____ Extraordinaire!

_____ C'est parfait!

Je vais inviter mon amie Isabelle.

A2. Un client difficile. No matter what the waiter suggests, the customer has already decided on something else. Play the role of the customer by filling in the blank with **Je désire** + partitive article. (Note: the dishes the customer wants are the opposite gender of those suggested by the waiter.)

LE GARÇON:

Nous avons de la glace.

1. Nous avons du beurre.
2. Nous avons de la sole.
3. Nous avons du poulet.
4. Désirez-vous de la salade?
5. Voici du pudding.
6. Voici de la limonade.

LE CLIENT:

Je désire du _____ gâteau.

_____ margarine.

_____ caviar.

_____ omelette.

_____ fromage.

_____ crème.

_____ Coca-Cola.

A3.* Monsieur Labafre a grand appétit. Write a dialogue between Monsieur Labafre, who asks the waiter for his favorite foods, and the waiter, who replies in the affirmative. Be sure to use **du**, **de la** or **de l'**.

MONSIEUR LABAFRE: LE GARÇON:

(le caviar) *Avez-vous du caviar?*   *Oui, nous avons du caviar.*

1. (le jambon) _____

2. (le rosbif) _____

3. (la soupe) _____

4. (la salade) _____

5. (le fromage) _____

6. (la glace) _____

B1. **Un végétarien.** Paul, a vegetarian, is having lunch at the restaurant. Write down what he will say when the waiter offers the following foods.

LE GARÇON: PAUL:

de la salade? *Oui, je prends de la salade.* _____

du rosbif? *Non, je ne prends pas de rosbif.* _____

1. du pain? _____

2. de l'agneau? _____

3. de la glace? _____

4. du poulet? _____

5. du jambon? _____

6. du porc? _____

Chez nous. *Which ones of the items listed in the* **Vocabulaire spécialisé** *on page 185 of your text can you find at your house? Write down what you discover.*

Dans notre réfrigérateur, il y a . . . _____

_____

_____

_____

_____

5.4 Acte IV. DEUX TOASTS

A1. A la surboum. Say what the guests are drinking at the party. Complete the sentences with the appropriate forms of **boire**.

1. Alain _____ du Coca-Cola.

2. Jacqueline _____ de la limonade.

3. Hélène et Georgette _____ du thé.

4. Louis et Paul _____ du punch.

5. Je _____ du café.

6. Tu _____ de l'eau minérale.

7. Nous _____ de la bière.

8. Vous _____ du champagne.

B1. Jamais d'accord. When they talk about their friends, Jean-Paul and Isabelle have totally different opinions. Read what Isabelle says and complete Jean-Paul's replies.

ISABELLE:	JEAN-PAUL:
Jacqueline est charmante.	Je __*la*__ trouve idiote.
1. J'aime Lucien.	Moi, je _____ déteste.
2. Irène est bête.	Je _____ trouve intelligente.
3. Je n'aime pas Édouard.	Je _____ aime bien.
4. Thierry et Didier sont sympathiques.	Je _____ trouve très désagréables.
5. Claudine et son frère sont idiots.	Je _____ trouve très intelligents.
6. Je déteste Marguerite.	Je _____ adore.
7. Roger et Robert sont beaux.	Je _____ trouve ridicules.
8. Chantal et Pascale sont embêtantes.	Je _____ trouve gentilles.

B2C1. Manque d'intérêt (*lack of interest*). Charles has many possessions but he never uses them. Write his answers to the following questions, using the verb **écouter** or **regarder** according to the models.

Tu as des disques? _*Oui, mais je ne les écoute pas.*_

Tu as une télévision? _*Oui, mais je ne la regarde pas.*_

1. Tu as une radio? _____

2. Tu as une collection de cartes postales? _____

3. Tu as des photos? _____

4. Tu as un transistor? _____

5. Tu as des livres? _____

6. Tu as des disques de jazz? _____

7. Tu as des magazines? _____

8. Tu as de bons professeurs? _____

B3C2. **L'ange et le démon.** The angel tells François to listen to the people below. The devil says not to.

	L'ANGE:	LE DÉMON:
ton père	*Écoute-le!*	*Ne l'écoute pas!*
1. ta mère		
2. tes grands-parents		
3. tes professeurs		
4. le principal		

D1. **Heureusement** (*fortunately*). Fortunately for François, he likes many of the things he can do at home. Answer his friends as he did.

LES AMIS DE FRANÇOIS: FRANÇOIS:

Tu regardes la télévision? *Oui, j'aime la regarder.* _____

1. Tu écoutes tes disques? _____

2. Tu collectionnes les timbres? _____

3. Tu regardes ton album de photos? _____

4. Tu invites tes amis? _____

5. Tu prépares ton dîner? _____

6. Tu prépares tes leçons? _____

_____

Mes repas. *Tell what you had for lunch and supper yesterday. For each dish, tell whether you like it or not. Start your sentences with* **J'ai mangé** *(I ate) or* **J'ai bu** *(I drank).*

_____

_____

_____

_____

_____

5.5 Acte V. UNE MAUVAISE SURPRISE

Révisons: L'esprit de critique (*criticisms*). Marc does not find many good qualities in his friends. Say what he thinks of the following people, according to the model.

Isabelle? *Il ne la trouve pas* _____jolie!

1. Pierre? _____génial!

2. Henri? _____sympathique!

3. Irène? _____intéressante!

4. Monique? _____belle!

5. Philippe et Paul? _____amusants!

6. Colette et Nicole? _____drôles!

A1. Une secrétaire efficace. Monsieur Oublitou asks when he has to go to the following places. Mademoiselle Calepin, his secretary, checks her calendar and answers him. Write down her replies according to the model.

MONSIEUR OUBLITOU: MADEMOISELLE CALEPIN:

Quand est-ce que je vais . . .

à la banque? (mardi) __*Vous y allez mardi.*_____

1. au restaurant? (mercredi) _____

2. chez Monsieur Durand? (le 13 février) _____

3. à Paris? (le 2 février) _____

4. au Mexique? (le 3 mars) _____

5. aux États-Unis? (le 12 avril) _____

6. chez Monsieur Rémi? (le 1er mai) _____

B1. Souvenirs de vacances. Last summer Joe worked in a French restaurant clearing tables. He remembers hearing the following sentences, but cannot decide which of the two expressions in parentheses was used. Help him.

(du / le) J'aime ___*le*_____ jambon.

1. (la / de la) Est-ce que vous aimez _____ salade?

2. (le / du) Garçon, avez-vous _____ poulet?

3. (un / du) Avec le pain, je mange toujours _____ beurre.

4. (un / du) Il y a _____ restaurant russe rue Daru.

5. (une / de la) Le Coca-Cola est _____ boisson américaine.

6. (la / de la) _____ soupe est sur la table.

7. (un / du) Est-ce que vous désirez _____ lait avec votre café?

8. (un / du) Voici _____ caviar.

9. (le / du) Au petit déjeuner je bois _____ thé.

10. (la / une) Désirez-vous _____ ou deux glaces?

B2. Au choix (*your choice*). Your mother has given you a shopping list where you have the choice of what to buy. Tell what you like (or dislike) and what you are going to get.

LA LISTE: VOUS:

lait ou Coca-Cola *J'aime le lait. Je vais prendre du lait.*
ou *Je déteste le lait. Je vais prendre du Coca-Cola.*

1. jambon ou poulet _____

2. agneau ou rosbif _____

3. carottes ou tomates _____

4. beurre ou fromage _____

5. gâteau ou glace _____

6. salade ou soupe _____

Une lettre de France. *Imagine that you have received a letter from a French pen pal in which he asks you questions about your leisure activities and your vacation. Answer him. Try to use the pronoun* **y**.

La lettre: « *Aimes-tu le cinéma? le théâtre? les concerts? Aimes-tu les sports? Vas-tu souvent au stade? Le week-end, vas-tu à la campagne? En hiver vas-tu en Floride ou restes-tu chez toi?* »

Vous: J'aime le cinéma, mais je n'y vais pas souvent. _____
_____
_____
_____
_____
_____
_____

Activités de compréhension orale

5.1.Act.5. Listening for signals

	imperative	statement or question
	A	**B**
1.	☐	☐
2.	☐	☐
3.	☐	☐
4.	☐	☐
5.	☐	☐
6.	☐	☐
7.	☐	☐
8.	☐	☐
9.	☐	☐
10.	☐	☐

5.1.Act.8. Telling time

Model   1   2   3   4

5.2.Act.4. Listening for signals

	suggestion	question
	A	**B**
1.	☐	☐
2.	☐	☐
3.	☐	☐
4.	☐	☐
5.	☐	☐
6.	☐	☐
7.	☐	☐
8.	☐	☐

5.2.Act.6. Listening for signals

	A	**B**
1.	☐	☐
2.	☐	☐
3.	☐	☐
4.	☐	☐
5.	☐	☐
6.	☐	☐
7.	☐	☐
8.	☐	☐

5.2.Act.8. Telling time

Model

1   2   3

4   5   6

5.3.Act.5. Listening for signals

	du, de la	other
	A	**B**
1.	☐	☐
2.	☐	☐
3.	☐	☐
4.	☐	☐
5.	☐	☐
6.	☐	☐
7.	☐	☐
8.	☐	☐

5.4.Act.4. Listening for signals

le   la   les

	A	**B**	**C**
1.	☐	☐	☐
2.	☐	☐	☐
3.	☐	☐	☐
4.	☐	☐	☐
5.	☐	☐	☐
6.	☐	☐	☐
7.	☐	☐	☐
8.	☐	☐	☐

5.5.Act.3. Listening for signals

	le, la	du, de la
	A	**B**
1.	☐	☐
2.	☐	☐
3.	☐	☐
4.	☐	☐
5.	☐	☐
6.	☐	☐
7.	☐	☐
8.	☐	☐

Récréation culturelle

Déjeunons au snack-bar!

NOTE

Un **snack** ou **snack-bar** est l'équivalent français d'une cafétéria américaine. Regardez le menu du snack-bar LE RELAIS. Ce snack-bar est situé à Tours, une ville très touristique au centre de la France. Voilà pourquoi le menu est en français . . . et aussi en anglais!

SNACK - **LE RELAIS** - BAR
TOURS
PRIX NETS - SERVICE TOUTES TAXES COMPRISES "10 %"

Marquer d'une croix les plats choisis. Please, mark the appropriate square, thank you.	PRIX
Ketchup : 0,70 - Pain grillé - Biscottes ☐	0.60
Beurre ☐	0.80
PLATS DU JOUR	
Voir carte du jour ☐	....
Salade Nicoise ☐	5.00
tomate, œuf, salade, thon, olive, oignon tomato, egg, salad, tunafish, olive, onion	
Salade du Chef ☐	6.00
jambon émincé, gruyère, poulet, céleri, salade julienne of minced ham, cheese, chicken, celery, salad	
Œufs mayonnaise (2) hardbolled eggs ☐	3.80
Salade de Saison - green salad ☐	2.00
PLATS FROIDS	
Assiette de cochonailles ☐	7.50
Rillettes de Tours ☐	2.50
Jambon de régime ☐	6.00
Jambon de Parme ☐	8.50
Steak Tartare ☐	6.90
Poulet froid - cold chicken mayonnaise ☐	7.50
PLATS CHAUDS	
Saumon grillé - grilled salmon ☐	7.80
Potage du jour ☐	1.80
Soupe à l'oignon - onion soup ☐	2.80
Super-gratinée au Porto ☐	5.20
Escargots (12) - snails ☐	8.00
« 3 œufs » Omelette (au choix) ☐	5.20
Œufs jambon - Eggs and ham ☐	5.20
Hamburger steak ☐	6.50
avec œuf à cheval - with fried egg ☐	7.00
Croque-Monsieur jambon et gruyère ☐ grilled cheese and ham sandwich	4.80
Andouillette de Savonnières grillée pommes frites ☐ grilled sausage	8.00
Faux-filet grillé garni pommes frites, grilled steak ☐	9.80
Côtes d'agneau grillées (2) pommes frites ☐ grilled lamb-chop	9.80
LEGUMES D'ACCOMPAGNEMENT	
pommes frites - french fried potatoes ☐	1.80
Petit pois ou haricots verts - peas-or french beans ☐	3.00
PATES	
spaghetti ☐ **ravioli** ☐ **canneloni bolognaise** ☐	6.00
FROMAGES	
roquefort ☐ **chèvre** ☐	3.00
camembert ☐ **gruyère** ☐	2.20
yaourt ☐	1.00
DESSERTS	
Coupe de fruits glacés - chilled fruits salad ☐	2.80
Fruits Melba ☐	5.20
Fruits de saison ☐	2.60
GLACE	
chocolat ☐ **café** ☐ **vanille** ☐	2.20
Parfait au café ☐ **Cassata** ☐ **Suspense** ☐	2.80
monaco ☐	3.20
VINS en pichets	
Vin rouge en provenance d'Indre-et-Loire ☐ 11° 25 cl ☐	1.50
Vin rosé en provenance d'Indre-et-Loire ☐ 12° 33 cl ☐	2.20
50 cl ☐	3.00
ALSACE Sylvaner ☐ 25 cl ☐	2.20
A.C. Muscadet ☐ 50 cl ☐	4.40
A.C. Beaujolais ☐ 25 cl ☐	3.00
A.C. Bourgueil ☐ 33 cl ☐	3.80
A.C. Chinon ☐ 50 cl ☐	6.00
BIERE DE LUXE : Française ☐ Heineken ☐	2.60
LANGEVINE 37 Fondettes impressions offset et sérigraphie **TOTAL**	....

JEUX

a. Write down the name of each of the following dishes. Refer to the menu on the opposite page, if necessary.

des t_____   un o_____   des o_____   du c_____   un p_____

des p_____ f_____   des h_____ v_____   une e_____

b. Make up your own order by checking off the items you want on the menu. Add up the prices of what you ordered and fill in the total at the bottom of the page.

ACTIVITÉS STYLISTIQUES

a. Describe your favorite meal.

_____
_____
_____
_____

b. Think back to the last time you ate out and describe the meal.

_____
_____
_____
_____
_____

ACTIVITÉS CULTURELLES

a. Compare the menu of the RELAIS restaurant with the menu of a typical American cafeteria-type restaurant. Which dishes are the same? Which are different?
b. Go to a supermarket and write down the names of five imported French items (mustard, snails, cheeses, etc.)

Chapitre six: Questions d'argent

▪▪▪

INTRODUCTION: *What you will do and learn in Chapter 6*

Module openings:

Four French teen-agers, Georges, Isabelle, Robert and Yvette, are talking about their money. You will read how large an allowance they get and how they spend it.

In **Lisons** you will learn how Christine solves her financial problems.

Entre nous:

You will learn about the attitudes of French teen-agers and their parents towards money and part-time jobs.

Activités:

You will learn how:

to tell how you spend your money	**6.1A**
to compare the prices of various things you buy	**6.1B**
to make comparisons between people or things	**6.1B**
to make generalizations	**6.2B**
to ask and answer questions about your friends	**6.3B**
to state what you know and what you do not know	**6.4A, 6.4B**

Structure:

Among the verbs you will learn in this chapter, there is a new category of regular verbs. You will also learn new pronouns and new negative expressions.

6.1 L'ARGENT DE POCHE

A1. **Banquet international.** At this international banquet, everyone prefers the drink he or she is accustomed to. Complete the sentences with the appropriate form of **préférer**.

Je suis français. Je __*préfère*__ le vin.

1. Nous sommes américains. Nous _____ le Coca-Cola.

2. Luisa est brésilienne. Elle _____ le café.

3. Hans et Peter sont allemands. Ils _____ la bière.

4. Vous êtes canadiennes. Vous _____ le lait.

5. Je suis japonaise. Je _____ le thé.

6. Tu es italien. Tu _____ le vin.

A2. **Achats.** For Christmas, Oncle Largent has given money to his many nieces and nephews. Knowing each one's hobbies, you can easily tell what he or she will buy. Complete the sentences with the appropriate form of **acheter** and one of the following items: **une raquette, des skis, des timbres, une bicyclette, une batte de baseball, un appareil-photo, un électrophone, des livres d'histoire, une télévision.**

Nicolas aime aller à la campagne. Il *achète une bicyclette.* _____

1. Jacques collectionne des timbres. Il _____

2. Janine fait de la photo. Elle _____

3. Nous aimons les «westerns». Nous _____

4. Je joue au baseball. J' _____

5. Élisabeth et Francine font du ski. Elles _____

6. Pierre et Pascal aiment la musique. Ils _____

7. Vous aimez l'histoire. Vous _____

8. Tu fais du tennis. Tu _____

B1. **Honneur national** (*national pride*). Raoul, who is French, has a high opinion of French things and people. Dick, who is American, does not agree. Write down the argument between Raoul and Dick using the comparative form of the adjective suggested in parentheses.

Paris / New York   Raoul: *Paris est plus grand que New York.*
(grand)   Dick: *Non, Paris est moins grand que New York.*

1. les Citroën / les Ford   Raoul: _____
   (confortables)   Dick: _____

2. la Provence / la Californie Raoul: _____
   (touristique)   Dick: _____

3. le vin / le Coca-Cola   Raoul: _____
   (bon)   Dick: _____

4. les Alpes / les Alleghenies
   (jolies)

   Raoul: _____

   Dick: _____

5. Brigitte Bardot / Marilyn
   Monroe (jolie)

   Raoul: _____

   Dick: _____

6. les Français / les Américains
   (sympathiques)

   Raoul: _____

   Dick: _____

B2.* **Rivalités.** Whenever Jacques praises his friends, Brigitte says she has the same qualities. As you will see, she goes too far. Play the role of Brigitte using **aussi** + adjective + **que** + stressed pronoun.

JACQUES: BRIGITTE:

Michel est amusant.   *Je suis plus amusante que lui.* _____

1. Irène est belle. _____

2. François est sympathique. _____

3. Mireille et Julie sont élégantes. _____

4. Pierre et Henri sont intelligents. _____

5. Christine est bonne en histoire. _____

6. Nathalie est idiote. _____

_____

Une enquête (*a survey*). *Ask your mother what meats, beverages and desserts she buys most frequently. Compare these as to price. (Note:* **cher**, **chère** *means expensive.)*

Viande. Ma mère achète du poulet et du jambon. Le jambon est plus cher que le poulet.

_____

_____

_____

_____

_____

_____

6.2 ON N'A JAMAIS RIEN SANS MAL!

A1. Métiers (*jobs*). Caroline was asleep during the lesson on French shopkeepers. Help her complete her homework by writing in the appropriate form of **vendre** and one of the following products: **du pain, du rosbif, du champagne, du café, des gâteaux, de l'aspirine, des bananes.**

Mes cousins sont bouchers. Ils *vendent du rosbif.*_____

1. Vous êtes boulangers. Vous _____

2. Tu es pâtissier. Tu _____

3. Nous sommes épiciers. Nous _____

4. Messieurs Pilule sont pharmaciens. Ils _____

   _____

5. Monsieur Pinard est marchand de vin. Il _____

6. Je suis marchand de fruits. Je _____

A2B1. Un lutin espiègle (*a mischievous imp*). There is a mischievous imp in the French village of la Chambarde whose favorite trick is to shift around the merchandise of the local shops. He was busy again last night, and now the shopkeepers have the wrong products. Correct the situation, according to the model.

le pharmacien: des bananes *Chez le pharmacien on vend de l'aspirine. On ne vend pas de bananes.*_____

1. le boulanger: du rosbif _____

   _____

2. le marchand de fruits: de l'aspirine _____

   _____

   _____

3. le pâtissier: du pain _____

   _____

4. le boucher: des gâteaux _____

   _____

B2. Confusions. Jacques was not thinking when he wrote the following sentences. Rewrite the sentences by matching the first part of each sentence with the appropriate ending. On a separate sheet of paper, write out the correct sentences.

Quand on a faim . . .   **Quand on a faim, on va au restaurant.**

1. Quand on a soif...............................on écoute le professeur. (a)

2. Quand on est en classe ....on boit du Coca-Cola. (b)

3. Quand on a des amis ....on va au restaurant. (c)

4. Quand on a un appareil-photo ....on prend le bus. (d)

5. Quand on n'a pas de voiture .... on joue avec eux. (e)

6. Quand on aime la musique .... on prend des photos. (f)

　　　　　　　　　　　　　　　　　　　on achète des disques. (g)

B3.* Voyage de la Statue de la Liberté à la Tour Eiffel. How does one go from the Statue of Liberty in New York to the Eiffel Tower in Paris? Complete the directions given below with **on** + the appropriate form of the verb in parentheses. (Note: **jusqu'à** means *till*.)

Voici comment ___*on va*___ de la Statue de la Liberté à la Tour Eiffel: _____
　　　　　　　　(aller)　　　　　　　　　　　　　　　　　　　　　　　　(prendre)

_____ un bateau jusqu'à Manhattan. Quand _____ à Manhattan, _____
　　　　　　　　　　　　　　　　　　　(arriver)　　　　　　　(prendre)

_____ un autobus jusqu'à l'aéroport J.F.K. _____ de New York à Orly en
　　　　　　　　　　　　　　　　　　　　　　(aller)

avion. A Orly _____ un taxi. Si _____ de taxi,
　　　　　　　(chercher)　　　　　　　　(ne pas trouver)

_____ l'autobus jusqu'aux Invalides. _____ des In-
　　(prendre)　　　　　　　　　　　　　　　(aller)

valides à la Tour Eiffel en métro ou en taxi.

──────────

Fêtes américaines. *Imagine that your French pen pal Jacques wants to learn about American holidays. Explain one of the following holidays to him: Thanksgiving, Halloween, July Fourth. You may tell him, for instance, when the holiday is celebrated, what you do, where you go, whom you invite, etc. Try to use* **on** *in your sentences.*

Nom _____ Date _____

6.3 UN SYSTÈME EFFICACE?

A1. Inflation. The local movie house increased its prices without warning, and today some of the patrons find they have not brought enough money. They ask their friends if they have any money.

Marc: ses cousins *Marc demande à ses cousins s'ils ont de l'argent.*

1. Philippe: Raoul _____

2. Suzanne: Michèle _____

3. Henri: Brigitte _____

4. Monique: Pierre _____

5. Jacqueline: ses amis _____

6. André: ses amies _____

B1. Pourquoi? Georges wants an explanation for whatever his girl friend Irène does. Write out his reactions to Irène's statements. Use the pronouns **lui** or **leur**.

IRÈNE: GEORGES:

Je parle à Béatrice. *Tu lui parles? Pourquoi?* _____

1. Je téléphone à René. _____

2. Je rends visite à Jacqueline. _____

3. Je demande de l'argent à mes grands-parents. _____

4. Je donne mon électrophone à mon cousin. _____

5. Je vends mes disques à Nicole. _____

6. Je ne téléphone jamais à mes parents. _____

7. Je réponds toujours à mes amies. _____

8. Je demande à Françoise et à Nicole de dîner avec moi. _____

_____

B2. Distraction. Barry was not paying attention while the teacher explained the difference between the direct object pronouns (**le, la, l', les**) and the indirect object pronouns (**lui, leur**). Now he needs your help to finish his homework.

(le, lui) Voici Henri. Je __*le*__ déteste. Je ne __*lui*__ parle jamais.

1. (la, lui) Voici sa sœur Michèle. Je _____ trouve très sympathique. Je _____ téléphone quand elle est chez elle.

2. (les, leur) Mes cousines aiment la musique. Quand je _____ invite chez moi, je _____ montre mes disques.

3. (l', lui) C'est l'anniversaire de Jacques. Est-ce qu'on _____ fait une surprise? On _____ invite au restaurant?

4. (la, lui, la) Voici Nathalie. Si je _____ regarde, c'est parce que je _____ trouve belle. Je désire _____ parler.

5. (leur, les, leur) Voici Isabelle et sa sœur. On _____ invite? On _____ demande d'aller au cinéma? On _____ achète une glace?

6. (l', lui) Jacques désire aller à notre surprise-partie. Je _____ réponds que nous ne _____ invitons pas.

C1. Mauvaise humeur (*bad temper*). Jacques was so mad after he flunked his English test that he decided not to see anyone or do anything for the rest of the day. Write his answers to his girl friend's questions.

STÉPHANIE: JACQUES:

Est-ce que tu invites Paul? *Non, ce soir j'n'invite personne.*

Est-ce que tu regardes le « western » à la télé? *Non, ce soir je ne regarde rien.*

1. Est-ce que tu téléphones à Pierre? _____

2. Est-ce que tu dînes avec tes parents? _____

3. Est-ce que tu joues avec ton frère? _____

4. Est-ce que tu écoutes la radio? _____

5. Est-ce que tu étudies tes leçons? _____

6. Est-ce que tu fais du piano? _____

L'anniversaire de Nicole. *Imagine that you are planning a surprise party for Nicole, a French exchange student whose birthday is coming up soon. Write an eight-line dialogue in which your friends and you discuss the gifts you will buy for her.*

_____

_____

_____

_____

_____

_____

_____

_____

_____

_____

6.4 CHANTAGE

A1. Le mystérieux M. A mysterious burglar, who signs each burglary with a large **M**, is operating in the city of la Grande Fauche. The police chief gathers together his detectives, but nobody seems to know **M**. Complete their answers using **connaître** and **savoir** according to the model.

Mademoiselle Flic ne _connaît pas M. Elle ne sait pas qui c'est._

1. L'Inspecteur Maigret ne _____

2. Nous ne _____

3. Toi, tu ne _____

4. Dupont et Dupond ne _____

5. Non, moi, je ne _____

6. Vous ne _____

B1. M est démystifié. You have been put in charge of tracking down **M**. After two weeks, you have gathered enough information to catch him. Complete your report by filling in **je sais** or **je connais** as appropriate.

1. _____ ses amis.

2. _____ sa sœur.

3. _____ où elle habite.

4. _____ sa fiancée.

5. _____ à quelle heure il lui téléphone.

6. _____ le café où il va.

7. _____ quand il y va.

8. _____ qu'il y est le lundi soir.

9. _____ les garçons du café.

10. _____ qu'ils vont nous aider.

B2.* Oui ou non? When they are asked questions, Robert always knows the answer but Jacques is not sure. Answer for Robert and Jacques according to the model.

Henri est chez lui? Robert: _Je sais qu'il est chez lui._

Jacques: _Je ne sais pas s'il est chez lui._

1. Pierre a une moto bleue? Robert: _____

   Jacques: _____

2. Hélène travaille ici? Robert: _____

   Jacques: _____

3. Gilbert dîne au restaurant? Robert: _____

   Jacques: _____

4. Jacqueline rentre à 10 heures? Robert: ---

      Jacques: ---

C1. **Bon caractère.** Pierre agrees to whatever his friends ask him to do. Write his answers.

    LES AMIS DE PIERRE: PIERRE:

    Téléphone-moi.   *D'accord! Je te téléphone.* ---------------

    Invite-nous.   *D'accord! Je vous invite.* ---------------------

1. Attends-moi. ---

2. Écoute-moi. ---

3. Téléphone-nous. --

4. Réponds-nous. --

5. Prête-moi ce disque. ---

6. Donne-nous ces livres. ---

C2. **Réciprocité.** Whatever you think of or do to Hélène, she will think of or do to you. Thus, if you like her, she will like you, etc. Write out Hélène's reactions according to the model.

    J'aime Hélène.   *Hélène m'aime.* ------------------------------

    Vous trouvez Hélène idiote.   *Hélène vous trouve idiots.* ------

1. Tu adores Hélène. --

2. Vous détestez Hélène. --

3. Nous n'invitons jamais Hélène. ---------------------------------------

4. Je téléphone à Hélène. ---

5. Tu attends Hélène. ---

6. Nous répondons à Hélène. ---

7. Je cherche Hélène. ---

8. Nous faisons une surprise à Hélène. ----------------------------------

----

Détails biographiques. *Select a contemporary figure and write six to eight lines saying what you know (or don't know) about that person.*

    Je sais que Johnny Bench joue au baseball.

6.5 ÉCHANGES

A1. Ordre et désordre. Jacques misplaces everything. Fortunately his sister Brigitte, who is better organized, finds what he needs. Write down her replies according to the model.

JACQUES:

BRIGITTE:

Où est ma guitare? _La voici._____

1. Où est mon sac? _____

2. Où est mon transistor? _____

3. Et ma montre? _____

4. Et mes photos? _____

5. Où est donc ma raquette? _____

6. Où sont mes disques, Brigitte? _____

7. Et mon électrophone? _____

8. Où sont mes livres d'anglais? _____

B1. Le stylo ensorcelé (*the pen with a jinx*). Éric has a pen which refuses to write certain pronouns from time to time. Fill them in for him. (They are: **le, la, les, lui, leur.**)

Denise aime cette glace. Je __*la*_____ lui achète.

1. Roger désire les fruits. Je les _____ passe.

2. Nicole désire mes livres. Je _____ lui vends.

3. Gilbert a une jolie moto. Je _____ lui achète.

4. Sophie aime ces disques. Je les _____ prête.

5. André ne fait pas ses devoirs. Je _____ _____ fais.

6. Mes cousins ne trouvent pas leur guitare. Je _____ _____ cherche.

7. Mes amies désirent mon numéro de téléphone. Je _____ _____ donne.

8. Nathalie cherche son livre. Je _____ _____ trouve.

C1. Emprunts (*loans*). Jacqueline has the following things you want to borrow. Ask her for them.

une guitare _Prête-la-moi._____

1. une bicyclette _____

2. des disques _____

3. un vélomoteur _____

4. des photos _____

5. un livre _____

6. une montre _____

C2. Mauvais fonctionnement (*mechanical failure*). You taped a conversation between Philippe and his friends. When you transcribed their talk, you noted that some pronouns were hard to understand. Write them in.

LES AMIS DE PHILIPPE:

Prête-moi ta bicyclette.

1. Vends-moi tes disques.

2. Donne-moi ta guitare.

3. Prête-nous ta voiture.

4. Montre-nous tes photos.

PHILIPPE:

Pas question, je ne ___*te*___ ___*la*___ prête pas.

D'accord! Je _____ _____ vends.

Non, je ne _____ _____ donne pas.

Pas question! Je ne _____ _____ prête pas.

Bien sûr, je vais _____ _____ montrer.

Emprunts (*borrowings*). *Write down the names of four friends who have a bicycle, and for each one say whether he or she lets you use it. Use the verb* **prêter** (*to lend*).

John a une belle bicyclette, mais il ne me la prête jamais.

_____

_____

_____

_____

Activités de compréhension orale

6.1.Act.5. Listening for signals

>   <

	A	B	C
1.	☐	☐	☐
2.	☐	☐	☐
3.	☐	☐	☐
4.	☐	☐	☐
5.	☐	☐	☐
6.	☐	☐	☐
7.	☐	☐	☐
8.	☐	☐	☐

6.3.Act.4. Listening for signals

  Isabelle   Jérôme et Denis

	A	B
1.	☐	☐
2.	☐	☐
3.	☐	☐
4.	☐	☐
5.	☐	☐
6.	☐	☐
7.	☐	☐
8.	☐	☐

6.5.Act.4. Listening for signals

statement   suggestion

	A	B
1.	☐	☐
2.	☐	☐
3.	☐	☐
4.	☐	☐
5.	☐	☐
6.	☐	☐
7.	☐	☐
8.	☐	☐

Récréation culturelle

Petites annonces *(classified ads)*

Voici six petites annonces. Ces annonces ont été affichées (*were posted*) sur le tableau d'affichage d'une école parisienne.

Vends skis Rossignol
en excellente condition
Prix: 400 francs
Téléphoner à: Guy Charrier
625·42·12

OCCASION UNIQUE !
Vends guitare électrique
et accessoires
Prix: 300 francs
Écrire à: Jean-Claude Lemoine
24, boulevard Raspail

À VENDRE

Appareil-photo KODAK INSTAMATIC

Prix: 80 F

Écrire à: Monique Duparc

85, rue de Sèvres, 75006 PARIS

À VENDRE

MOTO HONDA 125 cm^3,

très bonne condition

Prix: 1.000 F

Contacter: Henri Sauvageot

114, boulevard de Latour-Maubourg

Vends ou Échange contre guitare
Collection de 30 disques de jazz
(Louis Armstrong, Duke Ellington, Sydney Bechet)
valeur: 250 francs
téléphoner à: Michel Dupuis 303·62·41

Vends auto-radio P16M4
réglable 6/12 volts
Écrire à:
Mireille Robert
8, rue du Dr. Poquelin 75020

Voici un chèque:

UN JEU

Imaginez que vous achetez l'un des objets de la page de gauche. Remplissez le chèque ci-dessous pour payer votre achat.

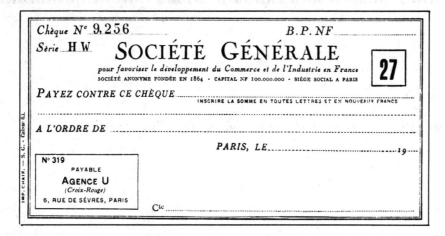

ACTIVITÉ STYLISTIQUE

Imaginez que vous êtes en France. Vous avez besoin d'argent et vous vendez certaines choses. Écrivez trois petites annonces pour vendre trois objets différents.

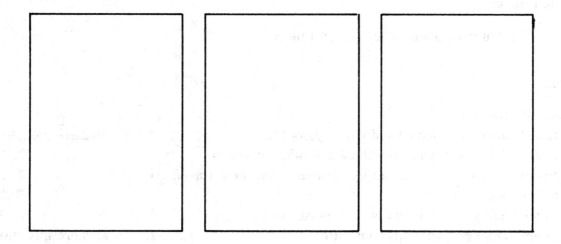

ACTIVITÉS CULTURELLES

a. Déterminez la valeur en dollars des objets de la page de gauche. Cherchez la valeur du franc dans le journal ou utilisez l'équation suivante: **1 franc = 20 cents**.
b. Comparez le prix de ces objets en France et aux États-Unis.

Chapitre sept: L'école

INTRODUCTION: *What you will do and learn in Chapter 7*

Module openings:

Four French teen-agers, Marc, Annette, Étienne and Jean-Pierre, are discussing school. You will read about their gripes, their career plans, their exams, their vacations.

In **Lisons** you will learn what happened to a boy who decided to cut school.

Notes culturelles:

You will learn more about school life in France.

Activités:

You will learn how:

to talk about your school and your school life	**7.1 Vocabulaire spécialisé**
to state how much you like school and other activities	7.1B
to express your wishes about jobs, careers, vacation, travel, etc.	7.2A
to state an obligation	7.4B
to tell what you can do and what you cannot do	7.4A
to answer a personality questionnaire	7.2B, **7.2 Vocabulaire spécialisé**
to talk about how many things you own	7.3C
to rank people and things	7.4C

Structure:

You will learn useful new verbs such as **vouloir** (*to want*), **pouvoir** (*to be able to, to be allowed to*) and **devoir** (*to have to*). You will also learn expressions of quantity and the pronoun **en**, which is often used with them.

7.1 OPINIONS

A1. Êtes-vous bon éditeur? You are editing the manuscript of an author who never uses adverbs. Replace the following expressions by an adverb ending in **-ment**.

d'une manière stupide *stupidement*_____

1. d'une manière rapide _____
2. d'une manière facile _____
3. d'une manière terrible _____
4. d'une manière ordinaire _____
5. d'une manière simple _____
6. d'une manière normale _____
7. d'une manière idiote _____
8. d'une manière grave _____
9. d'une manière courageuse _____
10. d'une manière remarquable _____

B1. Le pique-nique de la classe. You are in charge of the class picnic. Everyone is to bring ten francs to cover the costs. This is what they bring. Tell each one if they have enough, not enough, too much or much too much.

Jacques a 7 francs. *Ce n'est pas assez*_____

Gisèle a 12 francs. *C'est trop*_____

1. Pierre a 8 francs. _____
2. Irène a 15 francs. _____
3. Philippe a 100 francs. _____
4. André a 10 francs. _____
5. Henri a 1.000 francs. _____
6. Nathalie a 16 francs. _____

C1. Au régime (*on a diet*). Doctor Farcot tells Sandrine that she eats too many sweet things (*lines 1-4*) and not enough meat and vegetables (*lines 5-8*). Write what he says.

du chocolat *Vous mangez trop de chocolat*_____

des tomates *Vous ne mangez pas assez de tomates.*

1. de la glace _____
2. des gâteaux _____
3. du dessert _____
4. de la crème _____

5. du céleri _____

6. du jambon _____

7. du poulet _____

8. des carottes _____

B2C2. Un vantard (*a braggart*). Georges likes to brag. Describe him by filling in the blanks with **beaucoup, beaucoup de** or **beaucoup d'** as appropriate. (Note: **selon lui** means *according to him*.)

Georges parle _____. Il aime _____ parler. Il dit qu'il voyage _____. Il aime _____ Paris parce qu'il y a _____ jolies filles dans cette ville. Il a _____ amies en France. Il aime _____ les sports. Il fait _____ ski en hiver et _____ tennis en été. Il aime _____ la musique et il a _____ disques. Nous n'aimons pas _____ Georges. Nous pensons qu'il a _____ imagination. Oui, _____ trop d'imagination!

———————————

J'aime beaucoup . . . *Write eight sentences saying what you like very much and what you do not like very much.*

_____

_____

_____

_____

_____

_____

_____

_____

7.2 PROJETS

V1. Formation professionnelle. Match each profession in the left-hand column with the corresponding field of study from the right-hand column. Write sentences according to the model.

PROFESSIONS   ÉTUDES

ingénieur *Pour être ingénieur, il faut étudier les math.* ___ la musique

1. médecin _____

   _____ l'architecture

2. interprète _____

   _____ la géologie

3. archéologue _____

   _____ la biologie

4. architecte _____

   _____ les math

5. géologue _____

   _____ les langues

6. pianiste _____

   _____ l'histoire ancienne

V2. L'amitié (*friendship*). Jean thinks that the following things are necessary in order to have friends. You agree with him.

être riche *Oui, il faut être riche.* _____

1. être intelligent _____

2. être sympathique _____

3. avoir une voiture _____

4. organiser des surprises-parties _____

5. aimer les sports _____

6. jouer de la guitare _____

A1. A Paris. Monsieur Voitout, a Paris guide, has a problem. In his present group of tourists, everyone wants to do something different. Fill in the sentences below with the appropriate forms of **vouloir**.

1. James _____ visiter Notre-Dame.

2. Je _____ aller à la Tour Eiffel.

3. Nous _____ regarder les magasins.

4. Toi, tu _____ rentrer à l'hôtel.

5. Marie _____ parler avec des Français.

6. Bill et Bob _____ dîner au Quartier Latin.

7. Vous _____ téléphoner à un ami.

8. Linda et Sandra _____ visiter le Louvre.

A2B1. Camping. Monsieur Moreau gives his son Jean-Michel various things to take along on his camping trip. However, Jean-Michel wants a light pack, so he does not accept all his father's suggestions. Write out his answers.

MONSIEUR MOREAU: JEAN-MICHEL:

Veux-tu de l'aspirine? Bien sûr, *j'en veux.* _____

Veux-tu des livres? Non, merci, *je n'en veux pas.* _____

1. Veux-tu de l'argent? Oui, _____

2. Veux-tu du papier? Oui, _____

3. Veux-tu des enveloppes? Oui, _____

4. Veux-tu d'autres pull-overs? Non, merci, _____

5. Veux-tu de la limonade? Non, merci, _____

6. Veux-tu du Coca-Cola? Non, merci, _____

B2. Pas contrariant. Whatever the question, Jean's answer is always "yes." Write his answers using **en**.

Tu fais du ski? *Oui, j'en fais.* _____

1. Tu as des amis? _____

2. Tu joues du piano? _____

3. Tu écoutes des disques français? _____

4. Tu donnes des surprises-parties? _____

5. Tu connais des jolies filles? _____

6. Tu organises des piques-niques? _____

B3.* Vos études. Answer the following questions about your studies, using the pronoun **en**.

1. Faites-vous du français? _____

2. Faites-vous de l'espagnol? _____

3. Faites-vous des math? _____

4. Faites-vous du sport? _____

5. Faites-vous de la physique? _____

6. Faites-vous du piano? _____

7. Faites-vous des sciences naturelles? _____

8. Avez-vous des projets? _____

_____

Projets. *Interview six of your friends on what they want to do after high school. Report your findings.*

7.3 CALENDRIER DES VACANCES

A1. Sujets de conversation. Pauline, an exchange student from France, wants to know whether you and your friends discuss the following topics. Answer her, using the pronoun **en**.

PAULINE: VOUS:

Parles-tu de politique? _*Oui, j'en parle.*_____

         ou _*Non, je n'en parle pas.*_____

1. Parles-tu de sports? _____

2. Parles-tu de musique? _____

3. Parles-tu de télévision? _____

4. Parles-tu de tes parents? _____

5. Parles-tu de tes professeurs? _____

6. Parles-tu de tes projets? _____

B1. L'interview. Whenever the interviewer asked if he had certain qualities, Pierre answered that he possessed those qualities in large measure. But he overdid it! Write out his answers according to the model.

L'INTERVIEWER: PIERRE:

Vous avez de la patience? _*Oui, j'en ai beaucoup.*_____

1. Vous avez du courage? _____

2. Vous avez de l'énergie? _____

3. Vous avez de la mémoire? _____

4. Vous avez de l'imagination? _____

Je trouve que vous en avez beaucoup trop!

B2.* La complainte de Jean. Jean complains about everything relating to school with one exception. Write out his answers according to the model.

As-tu des livres? _*J'en ai trop!*_____

1. As-tu des cours? _____

2. As-tu des professeurs sévères? _____

3. As-tu du travail? _____

4. As-tu des devoirs? _____

5. As-tu des examens? _____

6. As-tu des vacances? Non, je n' _____ pas assez!

C1. **Êtes-vous bon en math?** Can you add? Write how many of the following objects Jacques and Pierre have together. For each object make two sentences, one using the name of the object, the other one using **en**.

PIERRE:	JACQUES:	PIERRE ET JACQUES:
2 livres	3 livres	*Ils ont 5 livres. Ils en ont 5.*
1. 10 cassettes	5 cassettes	
2. 1 guitare	1 guitare	
3. 11 disques	5 disques	
4. 2 raquettes	1 raquette	
5. 1 bicyclette	0 bicyclette	
6. 0 voiture	1 voiture	

C2. **Nul en sciences politiques** (*weak in political science*). Your French friend François wrote the following statements about the United States government. Correct his errors.

FRANÇOIS: VOUS:

Il y a 60 états.   *Non, il y en a 50.*

1. Il y a 103 sénateurs.

2. Il y a 46 gouverneurs.

3. Il y a 2 vice-présidents.

4. Il y a 4 sénateurs en Alaska.

5. Il y a 5 grands partis politiques.

6. Il y a 38 amendements à la Constitution.

———————————

Votre personnalité. *List five qualities that a person must possess in order to be successful. Say whether you have them or not. Use the words from the* **Vocabulaire spécialisé** *on page 264 of your text.*

Pour réussir il faut beaucoup d'énergie. Je n'en ai pas assez.

Nom_____ Date_____

7.4 UNE ÉLÈVE SÉRIEUSE

A1. Globetrotters. Irène's friends are travelling in different parts of the world. Tell which of the following cities each one can visit: **Québec, Paris, Rome, Genève, Houston, Boston, Rio de Janeiro.**

Henri est en Italie. Il _peut visiter Rome._____

1. Lucie est dans le Massachusetts. Elle _____

2. Je suis au Texas. Je _____

3. Henri et Pierre sont en France. Ils _____

4. Tu es au Brésil. Tu _____

5. Nous sommes en Suisse. Nous _____

6. Vous êtes au Canada. Vous _____

A2B1. Pauvre Marie. Whenever Marie plans a party, her friends always say they have to do something else and cannot come. Write out everyone's excuses, using the appropriate forms of **pouvoir** and **devoir**.

Pierre étudie. _Il ne peut pas venir. Il doit étudier._____

1. Jacques dîne en ville. _____

2. Albert et René travaillent. _____

3. Je fais mes devoirs. _____

4. Nous allons au théâtre. _____

5. Henri cherche son frère. _____

6. Irène et Gilberte jouent du piano. _____

_____

7. Vous allez à Paris. _____

8. Tu étudies ta leçon. _____

A3B2. Êtes-vous bon conseiller? (*Are you a good adviser?*) Imagine that you are a newspaper columnist and your readers write you for advice. Here are some of their problems. Write out your advice for each one, using an appropriate form of **devoir** or **pouvoir**. Use your imagination.

« Mon ami et moi, nous voulons aller à une surprise-partie, mais nous ne sommes pas invités. »

_Vous pouvez aller à cette surprise-partie avec une_____
jeune fille qui est invitée._____

1. « Mes parents vont en France cet été. Qu'est-ce qu'ils peuvent faire? »

_____

_____

_____

2. «Mon frère veut faire la connaissance d'une jeune Française. Qu'est-ce qu'il doit faire?»

    ----

3. «Nous voulons faire une surprise à notre mère pour son anniversaire. Qu'est-ce que nous pouvons faire?»

    ----

4. «Je veux passer d'excellentes vacances. Qu'est-ce que je peux faire?»

    ----

5. «Mon professeur trouve que je ne sais pas assez de français. Qu'est-ce que je dois faire?»

    ----

6. «Mes cousins vont en Europe pendant les vacances. Qu'est-ce qu'ils peuvent visiter?»

C1. **Super-marathon.** Some of your friends participated in the Super-Marathon. Now the race is over and you are writing down the results.

André (3) *André est troisième.* ------------------------------

1. Robert (7) ---

2. Arthur (10) --

3. Guillaume (11) ---

4. Jacques (13) ---

5. Roger (20) ---

6. Joël (31) --

Tourisme. *Imagine that a group of French tourists are visiting your state. In eight sentences tell them what they can and should do and visit while there.*

7.5 LE JOUR DE L'EXAMEN

A1. Édouard n'est pas populaire! Whenever he wants to go out with his classmates, they have an excuse. Today they are all finishing something. Complete what they told him with the appropriate forms of **finir**.

1. Je _____ mes devoirs.

2. Lucien _____ un livre.

3. Elles _____ leur repas.

4. Nous _____ nos leçons.

5. Tu ne _____ pas ton déjeuner?

6. Janine _____ une lettre à sa sœur.

7. Roger et Léon _____ leur thé.

8. Vous _____ votre match de tennis, n'est-ce pas?

B1. La distribution. You are off to college and cannot take all your records along, so you plan to give some to your friends. Say how many you plan to give to each person.

Jacques: 5 _*J'en donne cinq à Jacques.*_____

1. Marc: 2 _____

2. Michèle: 3 _____

3. Albert: 1 _____

4. Monique: 6 _____

5. Brigitte: 4 _____

6. Paul: 10 _____

B2. Chez le médecin. François is having his annual checkup. Each time that he answers "no" to one of the questions, Dr. Brunet tells him to change his habits. Complete the dialogue below according to the model.

le docteur: Mangez-vous du pain?

François: Non, _*je n'en mange pas.*_____

le docteur: _*Mangez-en!*_____

1. le docteur: Mangez-vous des oranges?

  François: Non, _____

  le docteur: _____

2. le docteur: Faites-vous du sport?

  François: Non, _____

  le docteur: _____

3. le docteur: Prenez-vous de l'aspirine?

   François: Non, _____

   le docteur: _____

4. le docteur: Buvez-vous de l'eau minérale?

   François: Non, _____

   le docteur: _____

B3.* Le gâteau de Michèle. Michèle made a small cake and there are not enough pieces for all the friends her brother Jacques brought home. She asks whom she should give pieces to, and Jacques answers. Write out his replies, according to the models.

MICHÈLE: JACQUES:

Je donne du gâteau à Jérôme? Oui, *donne-lui-en.* _____

J'en donne à Pierre? Non, *ne lui en donne pas.* _____

1. J'en donne à Marc? Oui, _____

2. J'en donne à Sylvie? Non, _____

3. J'en donne à André? Non, _____

4. J'en donne à Monique et à Louise? Oui, _____

5. J'en donne à Paul et à François? Non, _____

6. Je t'en donne? Bien sûr! _____ beaucoup!

Un sondage (*a survey*). *Ask six friends of yours how many brothers they have. Report your findings.*

Mark a un frère. Linda en a deux, etc.

_____

_____

_____

_____

_____

_____

Activités de compréhension orale

7.1.Act.4. Understanding expressions of quantity

le grand Thomas   le petit Timothée

	A	**B**
1.	☐	☐
2.	☐	☐
3.	☐	☐
4.	☐	☐
5.	☐	☐
6.	☐	☐
7.	☐	☐
8.	☐	☐

7.4.Act.4. Understanding numbers

1er	2e	3e	6e	10e	11e	12e	15e	17e	18e
21e	24e	34e	42e	43e	52e	60e	61e	65e	75e
80e	82e	92e	93e	99e	100e	101e	110e	111e	116e

7.4.Act.5. Listening for signals

vouloir   devoir   pouvoir

	A	**B**	**C**
1.	☐	☐	☐
2.	☐	☐	☐
3.	☐	☐	☐
4.	☐	☐	☐
5.	☐	☐	☐
6.	☐	☐	☐
7.	☐	☐	☐
8.	☐	☐	☐
9.	☐	☐	☐
10.	☐	☐	☐

Récréation culturelle

Le bulletin de notes

Voici le bulletin scolaire d'un élève français:

établissement = *école;* **disciplines** subjects; **langue vivante** modern foreign language; **géo** = *géographie;* **instruct. civique** = *instruction civique* (civics); **sciences nat.** = *sciences naturelles;* **dessin** drawing, art; **éd. musicale** = *éducation musicale;* **travaux manuels éducatifs** industrial arts; **éd. physique** = *éducation physique;* **comportement** behavior; **satisfaisant** satisfactory; **tout juste suffisant** minimally acceptable; **insuffisant** not acceptable; **très insuffisant** very unacceptable; **C.F.** = *composition française;* **Ortho-Gram** = *orthographe* (spelling) *et grammaire;* **récit** = *récitation;* « **excellent élève: de réelles connaissances et beaucoup de réflexion et de finesse** » excellent student: solid knowledge and much thought and style; « **élève très doué** » very gifted student; « **bon travail** » good work

NOTE

En France, l'année scolaire est divisée en trois trimestres. Le premier trimestre va de la rentrée (mi-septembre) jusqu'à Noël. Le deuxième trimestre va de janvier jusqu'à Pâques. Le troisième trimestre commence après les vacances de Pâques et va jusqu'au commencement de juillet. A la fin de chaque trimestre, l'école délivre un bulletin de notes où les professeurs notent leurs appréciations. Regardez le bulletin de notes de la page de gauche.

ACTIVITÉS STYLISTIQUES

a. Faites la critique de votre école. Décrivez ses avantages et ses inconvénients.

----

b. Faites votre auto-critique scolaire. Décrivez vos points forts et vos points faibles.

ACTIVITÉ CULTURELLE

Lisez attentivement le bulletin de notes de la page de gauche. Ce bulletin a été délivré à un élève de C.E.S. (Collège d'Enseignement Secondaire). D'après ce bulletin, quelles sont les ressemblances et quelles sont les différences entre le système scolaire américain et le système scolaire français (sujets d'études, système de notation)?

Chapitre huit: Jim

■■■

INTRODUCTION: *What you will do and learn in Chapter 8*

Module openings:

Jim, an American student, is going to spend the summer vacation in France with his sister Caroline. He writes to his French pen pal Philippe to inform him of their arrival. Philippe and his sister Nathalie set out to meet their American friends at the airport. As you will see, this meeting proves to be very disappointing. In **Lisons** you will learn why.

Notes culturelles:

You will learn about the many historical ties which exist between France, the United States and Canada.

Activités:

You will learn how:

to express your opinions	**8.2B**
to talk about your readings	**8.2A**
to buy clothes in a French store and talk about the clothes you are wearing	**8.3 Vocabulaire spécialisé**
to express what you have just done	**8.1B**
to say what kinds of people and things you like or don't like	**8.3A, 8.4A, 8.5B**
to combine two sentences into one	**8.3A, 8.4A, 8.5B**

Structure

You will learn new verbs such as **mettre** (*to put*), **dire** (*to say*), **lire** (*to read*), **écrire** (*to write*) and **venir** (*to come*). You will also learn two new pronouns, **qui** and **que**, which are used to combine sentences.

8.1 UNE LETTRE DE FRANCE

A1. **Savez-vous observer?** Suzanne, who is not a good observer, wonders where her friends have been. Can you tell her? Complete the following sentences with the appropriate form of **venir** + **de** + one of the following places: **l'école, la boulangerie, le restaurant, le magasin de disques, la pâtisserie, le supermarché, le court de tennis.** (Rappel: **de** + **le** = **du**)

Jacques a du pain. Il *vient de la boulangerie*.

1. J'ai des disques. Je _____

2. Nous avons nos raquettes. Nous _____

3. Martine n'a pas faim. Elle _____

4. Françoise et Colette ont des gâteaux. Elles _____

5. Vous avez des fruits. Vous _____

6. Tu as tes livres. Tu _____

A2B1. **Pourquoi sont-ils tous fatigués?** (*Why is everyone tired?*) Complete the sentences with the appropriate form of **venir de.**

Nous *venons de* _____ travailler.

1. Vous _____ jouer au tennis.

2. André et Pierre _____ faire du ski.

3. Isabelle _____ jouer au volleyball.

4. Nous _____ étudier.

5. Je _____ danser.

6. Tu _____ préparer tes leçons.

A3B2. **Déjà fait** (*already done*). Whenever Madame Martel tells her daughters to do something, they tell her that they have just done it.

MADAME MARTEL: LES FILLES:

Aline, achète des fruits. *Je viens d'acheter des fruits.*

1. Aline, prépare le repas. _____

2. Aline, téléphone à ta tante. _____

3. Aline, joue du piano. _____

4. Mireille et Denise, cherchez du lait. Nous _____

5. Mireille et Denise, achetez du pain. _____

6. Mireille et Denise, faites vos devoirs. _____

101

C1. Distraction. Paul was not paying attention when Isabelle mentioned her plans, so he asked her to repeat what she said. Write out his questions, beginning each one with a preposition.

ISABELLE: PAUL:

Je vais en ville avec Marc.   *Avec qui vas-tu en ville?*

1. Je vais au cinéma avec Françoise. _____

2. Je dîne chez André. _____

3. Je téléphone à Philippe. _____

4. Je rends visite à Tante Christine. _____

5. Je rentre avec Pierre. _____

6. Je passe chez Henri. _____

Le bonheur (*happiness*). *Imagine that a friend comes to you with a very happy face. Write six sentences in which you try to guess what has happened to make him or her happy. Use the expression* **venir de**.

Est-ce que tes parents viennent de te donner de l'argent? Est-ce que tu viens d'être reçu(e) à ton examen?

_____
_____
_____
_____
_____
_____
_____
_____

8.2 UNE LETTRE DES ÉTATS-UNIS

A1. Excuses! Stéphanie is out of luck. When she wants to go out with her friends, everyone is busy writing or reading something. Complete the following sentences with the appropriate forms of **lire** (*odd numbers*) and **écrire** (*even numbers*).

1. Jacques _____ un livre.

2. Janine _____ une carte.

3. Je _____ un poème.

4. Tu _____ une lettre.

5. Nous _____ un magazine.

6. J'_____ une invitation.

7. Elles _____ *Mademoiselle*.

8. Elles _____ à leurs cousines.

9. Tu _____ *Peanuts*.

10. Vous _____ à votre grand-mère.

11. Vous _____ le journal.

12. Nous _____ à Sophie.

A2. Est-ce que Jim est beau? The girls (*sentences 1 - 4*) say he is. The boys (*sentences 5 - 8*) say he is not.

Jacqueline *dit que Jim est beau.* _____

François *dit que Jim n'est pas beau.* _____

LES FILLES:

1. Isabelle et Monique _____

2. Toi, tu _____

3. Nous _____

4. Charlotte _____

LES GARÇONS:

5. Moi, je _____

6. Vous _____

7. Henri et Pierre _____

8. Jean-Michel _____

B1. Un sondage d'opinion. *Girls are as intelligent as boys.* All the girls asked said the statement was true, and the boys all said it was false. Write out how the people below responded to the poll.

Que dit Charles? *Il dit que c'est faux.* _____

Que dit Monique? *Elle dit que c'est vrai.* _____

1. Que pense Marc? _____

2. Que pense Suzanne? _____

3. Que répond Louis? _____

4. Que répond Irène? _____

5. Que disent Philippe et Pierre? _____

6. Que disent Charlotte et Nathalie? _____

C1. **Êtes-vous bon (bonne) en géographie?** Match the cities on the left with the countries in which
they are located.

Paris *Paris est en France.* _____ le Japon

1. Genève _____ le Canada

2. Québec _____ le Mexique

3. Mexico _____ le Portugal

4. Moscou _____ la Russie

5. Pékin _____ la France

6. Boston _____ la Suisse

7. Calcutta _____ la Chine

8. Tokyo _____ la Belgique

9. Lisbonne _____ les États-Unis

10. Bruxelles _____ les Indes

C2.* **Un pari** (*a bet*). A friend said that no one could visit seven countries in a week. You bet you
can do it. Give your schedule day by day, beginning with Monday.

la France *Lundi, je vais aller en France.* _____

1. la Belgique _____

2. le Luxembourg _____

3. la Hollande _____

4. le Danemark _____

5. la Suède _____

6. la Norvège _____

_____

Projets de voyages. *Write eight sentences telling which countries you would like to visit and why.*

Nom _____ Date _____

8.3 QUI EST JIM?

V1. Défilé de mannequins (*fashion show*).   In the boxes below,   write the number which corresponds to the item of clothing worn by the models.

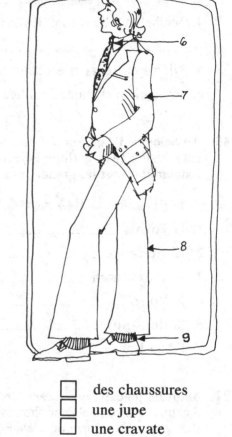

□ un foulard	□ une veste	□ des chaussures
□ un chemisier	□ un pantalon	□ une jupe
□ des collants	□ des chaussettes	□ une cravate

A1. Aux Nations Unies (*at the United Nations*). Imagine that you are in a lounge at the United Nations. A friend tries to identify people by the newspapers they are reading. Write out his sentences according to the model.

Les Français *sont les hommes qui lisent* _____le *Monde*.

L'Américaine *est la femme qui lit* _____*Time* magazine.

1. Les Anglais _____le *Daily Mail*.

2. Les Américains _____le *New York Times*.

3. Le Belge _____le *Soir*.

4. La Russe _____la *Pravda*.

5. Le Suisse _____l'*Illustré*.

6. Les Canadiennes _____la *Presse*.

7. L'Argentin _____la *Nación*.

8. Les Indiens _____le *Times of India*.

105

A2. Le professeur est furieux. Professor Lambert is angry with the following students. He begins his sentences with **Je n'aime pas le garçon (la fille, les garçons, les filles) qui . . . .** Write what he said.

Caroline parle en classe. *Je n'aime pas la fille qui parle en classe.*

1. Jim n'étudie pas. _____

2. Philippe ne travaille pas. _____

3. Nathalie mange en classe. _____

4. Michel et Albert font des avions en papier. _____
_____

5. Nicole et Renée n'écoutent pas. _____

6. François n'est jamais à l'heure. _____

A3. Au Salon de l'Auto (*at the Automobile Show*). Write a sentence about each of the following cars, using two or three adjectives from the following list: **rapide, confortable, luxueuse, économique, petite, grande, pratique, moderne, jolie.** Follow the model.

la Renault *C'est une voiture qui est petite et pratique.*

1. la Toyota _____

2. la Mercédès _____

3. la Volkswagen _____

4. la Volvo _____

5. la Rolls-Royce _____

6. l'Alfa-Roméo _____

B1. Mauvais joueur (*bad loser*). Imagine that you are playing cards and that you are losing. Accuse everyone else of cheating. Complete the statements below with the pronoun **qui** and the appropriate form of **tricher** (*to cheat*).

C'est Marc et Philippe *qui trichent.* _____

1. C'est toi _____

2. C'est vous _____

3. C'est Albert _____

4. C'est Monique _____

5. C'est Suzanne et François _____

6. Ce n'est pas moi _____

Vos personnages préférés. *Select three of your favorite contemporary personalities. For each one, write two lines explaining who they are. You may begin with* **C'est une personne qui.**

8.4 UNE JOURNÉE DÉSAGRÉABLE

A1. **Jeu des correspondances.** Several pages of type were scrambled at the printer's. Can you unscramble the sentences below by connecting the two parts that logically go together?

Le 4 juillet est une fête
1. La Tour Eiffel est un monument
2. Le français est une langue
3. Le British Museum est un musée
4. Les bananes sont des fruits
5. Les Toyota sont des voitures
6. Le vin est une boisson

a. qu'on fabrique au Japon.
b. qu'on parle au Canada.
c. qu'on visite à Londres.
d. qu'on célèbre aux États-Unis.
e. que les Français boivent au repas.
f. qu'on trouve en Afrique.
g. que les touristes visitent à Paris.

A2. **Vos préférences.** Indicate your preferences about the following things or people.

La classe *que je préfère est la classe d'anglais.*
Le professeur *que je préfère est Mademoiselle English.*
1. Le livre _____
2. Le film _____
3. L'acteur _____
4. L'actrice _____
5. Les voitures _____
6. Les athlètes _____

A3.* **La curieuse Christine.** Whenever Jean-Michel does something, Christine wants more details. Write her questions according to the model.

JEAN-MICHEL: CHRISTINE:
J'écoute un disque. *Quel est le disque que tu écoutes ?*
1. Je lis un livre. _____
2. J'achète des livres. _____
3. Je regarde un bon programme. _____
4. J'invite une fille ce soir. _____
5. J'attends des amis. _____
6. Je connais des Américains. _____

B1. **Jim et Jules.** Jim and Jules have two very different impressions of Paris. Jim lives in a neighborhood where everything is old and Jules in an area where everything is new. Complete Jim's account with the appropriate forms of **vieux**. Then write the corresponding account made by Jules, using the appropriate forms of **nouveau**.

JIM: J'habite un __*vieux*__ quartier. Dans ce quartier, il y a un _____

théâtre, un ----------------- hôtel, une ----------------- église, de -----------------
maisons et de ----------------- monuments.

JULES: J'habite *une nouveau quartier. Dans* ------------------

----

Gilles. *Imagine that Gilles has spent two months in your school as an exchange student from France. Write six questions in which you ask him what things or people he prefers.*

Quel est le programme de télévision que tu préfères?

8.5 LE DÉPART DE JIM ET DE CAROLINE

A1. **Salade de fruits.** Monique and her friends are making a huge fruit cocktail. Everyone puts in something different. Fill in the sentences below with the appropriate forms of the verb **mettre**.

1. Sandrine _____ des poires (*pears*).

2. Je _____ des bananes.

3. Hélène _____ du raisin (*grapes*).

4. Nous _____ des oranges.

5. Vous _____ des abricots.

6. Tu _____ des prunes (*plums*).

7. Ils _____ des pêches (*peaches*).

8. Nicole et Mathilde _____ du melon.

B1. **Objets mystérieux.** . . . They are not *that* mysterious. Match the following objects with their definitions and then complete the definitions with **qui, que** or **qu'** as appropriate: **un manteau, un bus, une raquette, un électrophone, un appareil-photo, un avion, un sac, une montre, une bicyclette.**

un appareil-photo : C'est un objet ___*que*___ le photographe utilise.

1. _____ : C'est un objet _____ est utilisé pour transporter des livres.

2. _____ : C'est un vêtement _____ on porte en hiver.

3. _____ : C'est un instrument _____ on utilise pour écouter des disques.

4. _____ : C'est un véhicule _____ n'a pas de moteur.

5. _____ : C'est un objet _____ donne l'heure.

6. _____ : C'est un transport _____ les touristes prennent de New York à Paris.

7. _____ : C'est un véhicule _____ est plus grand qu'une voiture.

8. _____ : C'est un objet _____ est nécessaire pour jouer au tennis.

B2. **Maudite pluie!** (*darned rain!*) Daniel left his homework outside when he went to play baseball. It started raining. When Daniel got back, he noticed that the words **qui** and **que** had been washed away. Put them back.

1. La jeune fille _____ Paul regarde est très jolie. C'est une Américaine _____ vient passer une année à Paris.

2. Je donne une surprise-partie pour les personnes _____ aiment danser et _____ j'aime bien.

3. J'ai un ami _____ vous ne connaissez pas mais _____ connaît votre sœur.

4. La personne _____ vous cherchez n'est pas là. Demandez son adresse à la dame _____ est là-bas.

5. La Ford _____ est devant le café est la voiture _____ je viens d'acheter.

6. Voici le journal _____ je lis. C'est un journal _____ est idiot.

Révisons: Polyglottes. In this school, everyone speaks and understands different languages. Complete the sentences below with the appropriate forms of **comprendre**.

1. Sylvie _____ l'italien.

2. Marc _____ l'allemand.

3. Nous _____ le français.

4. Toi, tu _____ l'arabe.

5. Vous _____ le japonais.

6. Ils _____ le chinois.

7. Moi, je _____ l'espagnol.

8. René et Marie _____ le russe.

Devinettes (*guessing games*). *Select four objects, large or small. Prepare a few clues to help your friends guess what the objects are.*

Quel est le monument qui est très grand et qu'on visite à Paris? *(C'est la Tour Eiffel.)*

_____

_____

_____

_____

_____

_____

_____

_____

Nom _____ Date _____

Activité de compréhension orale

8.1.Act.7. Listening for signals

passé	futur	présent
A	**B**	**C**
1. ☐	☐	☐
2. ☐	☐	☐
3. ☐	☐	☐
4. ☐	☐	☐
5. ☐	☐	☐
6. ☐	☐	☐
7. ☐	☐	☐
8. ☐	☐	☐
9. ☐	☐	☐
10. ☐	☐	☐

Récréation culturelle

Américanophilie (*love of things American*)

NOTE

Les Français achètent un grand nombre de produits d'origine américaine. Certains de ces produits viennent des États-Unis. La majorité sont fabriqués en France par des firmes américaines. Les réclames de la page de gauche ont paru (*appeared*) dans des journaux français.

ACTIVITÉ STYLISTIQUE

Les Américains utilisent un grand nombre de mots et d'expressions d'origine française. Expliquez le sens des mots et expressions suivants:

un collage --

une discothèque ---

un rendez-vous --

un salon de coiffure --

un garage ---

«comme ci, comme ça» --

«bon voyage» --

Mardi Gras --

ACTIVITÉ CULTURELLE

Faites une liste des produits français qui sont vendus aux États-Unis et que vous connaissez. Pensez aux voitures, aux vins, aux parfums, aux produits de beauté, etc. Si possible, trouvez des réclames pour ces produits dans des journaux et magazines américains.

Chapitre neuf: Un fana de football

....

INTRODUCTION: *What you will do and learn in Chapter 9*

Module openings:

Jean-Marc has the flu and must stay home. He is happy because he does not have to go to school, and unhappy because he will not be able to attend a soccer game at the stadium. Will he go anyway, against the doctor's advice?

In **Lisons** you will read a poem by a contemporary French poet.

Activités:

You will learn how:

to write a letter in French	**Entre nous-9**.1, **9**.2, **9**.3, **9**.4, **9**.5
to state what you need or what you would like to do	**9**.1B
to describe your symptoms to a French doctor	**9**.1 **Vocabulaire spécialisé**
to describe past events	**9**.2A, **9**.2B, **9**.2C, **9**.2D, **9**.3A, **9**.3B, **9**.4A, **9**.4B, **9**.4C
to tell where you went yesterday, last weekend, on your last vacation	**9**.5A
to ask your friends what they have done recently	**9**.3C

Structure:

The main grammatical focus of this chapter is on the **passé composé**, a tense used to describe past events.

Nom _____ Date _____

9.1 PREMIÈRE JOURNÉE: Jean-Marc est malade.

V1. Pauvre Léon. Why is Léon sore all over? Read what he says and fill in the blanks with the appropriate parts of the body. (Note: **lunettes** means *glasses*.)

Quand je ne mets pas mes lunettes, j'ai mal aux y_*eux*_____. Quand je les mets, j'ai

mal au n_____ parce qu'elles sont trop petites. J'ai mal à la t_____

parce que j'étudie trop. Quand je joue au football, j'ai mal aux j_____ et aux

p_____. Quand je joue de la guitare, j'ai mal aux m_____. Je mange

trop et j'ai mal au v_____. Ah, que l'existence est difficile!

A1. Un cercle d'amis. In this circle of friends, everyone is going out with the next person listed. Write about who goes out with whom until you have closed the circle.

Je sors avec Mathilde. Mathilde sort avec _____

_____

_____

_____

_____

Je → Mathilde → Jacques → nous → vous

Pierre et André ← tu ← Sophie et Marie

B1. Désirs et besoins (*wishes and needs*). Everyone needs something for what he or she wants to do. Complete the sentences below by writing in the appropriate forms of **avoir envie de, avoir besoin de** and one of the following objects: **un livre, un électrophone, une raquette, un appareil-photo, une enveloppe, une voiture, un album.**

Robert *a envie d'*_____ écrire à Paul. Il *a besoin d'une enveloppe.*

1. Nous _____ lire. Nous _____

2. Tu _____ jouer au tennis. Tu _____

3. Jacques _____ écouter des disques. Il _____

_____

4. Vous _____ prendre des photos. Vous _____

_____

5. J'_____ collectionner des timbres. J'_____

_____

6. Michèle et Sophie _____ voyager. Elles _____

_____

B2. **L'examen de français.** To avoid taking the French test, everyone stayed home, complaining of a sudden ailment. Write a different excuse for each of the following students. Use the **Vocabulaire spécialisé: les parties du corps** on page 335 of your text.

Georges *a mal à la tête.* _____

1. J' _____

2. Nous _____

3. Monique _____

4. Antoine _____

5. Gérard et Éric _____

6. Mireille et Anne-Marie _____

———————

Désirs. *Write about five things you would like to do. Say what you will need to accomplish them.*

J'ai envie d'inviter Alice au cinéma. J'ai besoin d'une voiture et de la permission de ses parents.

_____
_____
_____
_____
_____
_____
_____
_____
_____
_____

9.2 DEUXIÈME JOURNÉE: Jean-Marc a de la chance.

A1B1. Travail de détective. You have obtained a tape on which Bill Laroulette, the famous gambler, talks about his past and present activities. Read carefully the transcript of the tape. Then write down the names of the five people whom he has seen or talked to in the *past*. (Your clue is the use of the **passé composé**.)

> Mardi, je vais téléphoner à Henri. Oui, j'ai parlé à Mathieu. Je désire parler à Jacques. Jeudi j'ai téléphoné à Philippe. J'ai dîné avec Roger. Le 10, je dois dîner avec Suzanne. J'ai joué à la roulette avec Gilbert. J'ai parlé à Antoine le 23. Je veux parler à Pierre le 3.

Mathieu _____ _____ _____ _____

B2. Retour de vacances (*back from vacation*). Pierre remembers what his friends told him about last year's vacation, but in writing the things down he left out the auxiliary verbs. Fill in the appropriate forms of **avoir**.

1. Nathalie _____ voyagé.

2. Raymond _____ visité Denver et les Montagnes Rocheuses.

3. Sylvie _____ été à Paris.

4. Nous _____ joué au volleyball sur la plage.

5. Vous _____ voyagé en Espagne.

6. Tu _____ passé un mois chez ton oncle.

7. Georges et Jean-Michel _____ été chez leurs cousins.

8. André _____ invité Lucien à Montréal.

B3. Lettre à Julie. Before arriving in Paris, Sylvie noted down what she intended to do during her first week in the city. Since she is a highly organized girl, she did everything she planned to do. At the end of the week she wrote a letter to her friend Julie telling about her activities. What did she write?

LE JOURNAL:	LA LETTRE À JULIE:
lundi: chercher un hôtel	*Lundi, j'ai cherché un hôtel.*
visiter le Louvre	*Ensuite, j'ai visité le Louvre.*
1. mardi: regarder les magasins	_____
visiter Notre-Dame	_____
2. mercredi: téléphoner à des amis	_____
dîner avec eux	_____
3. jeudi: téléphoner à François	_____
parler avec sa sœur	_____
4. vendredi: visiter l'Opéra	_____
écouter un concert	_____

5. samedi: acheter des souvenirs   --

        inviter une amie au théâtre   --

C1. A la Maison des Jeunes. Philippe and his friends spent last Sunday at the **Maison des Jeunes**. Say what each one did, using the **passé composé** of **faire**.

1. Michèle ------------------ de la danse.

2. Paul ------------------ du judo.

3. Antoine et Marc ------------------ de la sculpture.

4. Suzanne et Marie-Thérèse ------------------ de la poterie.

5. J'------------------ du ping-pong.

6. Tu ------------------ du théâtre.

7. Nous ------------------ de la musique.

8. Vous ------------------ du piano.

D1. Dimanche. On Sunday, Sylvie was so tired that she slept through the entire day. She did not do any of the things she wanted to do. Write what she did not do. Use **ne . . . pas** in sentences 1-4, **ne . . . rien** in sentences 5-6 and **ne . . . personne** in sentences 7-8.

écouter la radio   *Elle n'a pas écouté la radio.* ------------------

1. être à l'Opéra --

2. déjeuner --

3. parler français --

4. dîner --

5. visiter --

6. regarder --

7. parler --

8. téléphoner --

Hier. *Write about six things that you did yesterday, using the* **passé composé.**

9.3 TROISIÈME JOURNÉE: Une invitation ratée

A1. Départ. Peter and Paul look over their checklist of things to do before leaving for France. They have done everything. Express that in French.

vendre nos vieux livres *Ils ont vendu leurs vieux livres.*

1. rendre visite à l'oncle Bill _____

2. répondre à nos cousins _____

3. attendre le télégramme de Roger _____

4. vendre notre voiture _____

5. répondre à l'oncle Charles _____

B1. Rien d'impossible (*nothing impossible*). In France, Peter did all the things he usually does not do. Express this using the **passé composé** of the underlined verb.

EN GÉNÉRAL: EN FRANCE:

Il ne <u>boit</u> pas de vin.   *Il a bu du vin.*

1. Il ne <u>boit</u> pas de champagne.   _____

2. Il n'<u>a</u> pas mal à la tête.   _____

3. Il ne <u>connaît</u> pas de Français.   _____

4. Il ne <u>veut</u> pas danser.   _____

5. Il ne <u>peut</u> pas rentrer après minuit. _____

6. Il n'<u>a</u> pas envie de voyager.   _____

B2.* Excuses. Why had nobody studied the lesson? Everyone has a different excuse. Write down these excuses using the **passé composé** of **pouvoir** and **devoir**.

Jean *n'a pas pu étudier. Il a dû* _____ aller chez le dentiste.

1. Michèle _____ préparer le dîner.

2. Gilbert _____ aller chez le docteur.

3. Moi, je _____ jouer du piano.

4. Nous _____ chercher nos cousins.

5. Sophie et Nathalie _____ aller en ville.

6. Vous _____ travailler avec votre père.

C1. Quand? Many things happened while François was away on vacation. On his return, he asks when these things occurred. Write out his questions, beginning each sentence with **quand** and using inversion.

Jacqueline a téléphoné. *Quand a-t-elle téléphoné?*

1. Robert a été au Canada. _____

2. Pierre et Henri ont été à Chicago. _____

3. Suzanne et Monique ont été à Rome. _____

4. Michèle a visité New York. _____

5. Marc a acheté une moto. _____

6. Annie a acheté une voiture. _____

7. Jacques a vendu sa guitare. _____

8. Irène a vendu son banjo. _____

D1. Les vacances. Vacations are made for play and not for work, or at least that is Robert's idea. Write out how he answers his uncle's questions, using the adverb **souvent** in each sentence.

L'ONCLE: ROBERT:

Tu as étudié? Non, *je n'ai pas souvent étudié.* _____

Tu as invité tes amis? Oui, *j'ai souvent invité mes amis.* _____

1. Tu as joué au tennis? Oui, _____

2. Tu as joué au volleyball? Oui, _____

3. Tu as regardé la télé? Oui, _____

4. Tu as travaillé? Non, _____

5. Tu as dansé? Oui, _____

6. Tu as fait tes devoirs? Non, _____

_____

Interview. *Imagine that you are interviewing a group of French tourists for your school newspaper. Prepare six questions in which you will ask them about their trip to the United States.*

Avez-vous visité New York?

_____

_____

_____

_____

_____

_____

9.4 QUATRIÈME JOURNÉE: Jean-Marc désobéit.

A1. Après l'examen de géographie. Everyone comments on the exam. Some finished it and passed it. Some did not finish and did not pass. Complete the following sentences using the **passé composé** of **finir** and **réussir**. Sentences beginning with **non** are in the negative.

Non, Bertrand *n'a pas fini. Il n'a pas réussi.*_____

1. Oui, j'_____

2. Non, nous _____

3. Oui, Antoine _____

4. Non, Michèle et Renée _____

5. Oui, Suzanne _____

6. Oui, Jean-Michel et Serge _____

B1. Avez-vous de l'intuition? You can tell what people have done if you know what they are like. Fill in the blanks with the **passé composé** of the verbs in parentheses.

Jacques est sérieux. Il *a promis*____ de travailler. (promettre)

1. Nathalie est sérieuse. Elle _____ de bonnes résolutions. (prendre)

2. Robert aime Janine. Il lui _____ régulièrement. (écrire)

3. Isabelle est élégante. Elle _____ une belle robe. (mettre)

4. Éric n'est pas rapide. Il _____ deux heures pour faire le devoir. (mettre)

5. Roger aime Véronique. Il lui _____ de venir chez lui. (dire)

6. Hélène est intelligente. Elle _____ rapidement. (comprendre)

C1. Avant le départ (*before leaving*). Before leaving for vacation, Marie wants to know whether Sylvie and Anne have contacted their mutual friends. Write out Sylvie's answers, using pronouns.

MARIE: SYLVIE ET ANNE:

Vous avez parlé à Marc? *Nous lui avons parlé.*_____

Vous avez parlé à Monique? *Nous lui avons parlé.*_____

1. Vous avez écrit à Jacqueline? _____

2. Vous avez écrit à Pierre et à Jacques? _____

3. Vous avez téléphoné à Richard? _____

4. Vous avez téléphoné à Élisabeth? _____

5. Vous avez répondu à Paul? _____

6. Vous avez répondu à Irène et à Christine? _____

7. Vous avez invité Philippe? _____

8. Vous avez invité Roger? _____

C2. * **Florence obéit toujours!** Florence always does what her mother asks her to do. Give her answers to the following questions, using pronouns in place of the underlined words.

LA MÈRE DE FLORENCE: FLORENCE:

As-tu écrit à ta tante? *Oui, je lui ai écrit.*

1. As-tu fait <u>ton devoir d'anglais</u>? --

2. As-tu acheté <u>du lait</u>? --

3. As-tu téléphoné <u>à tes cousins</u>? --

4. Leur as-tu parlé <u>de ton voyage</u>? --

5. T'ont-ils donné <u>des suggestions</u>? --

6. As-tu cherché <u>ton passeport</u>? --

Anne-Marie. *Imagine that for one day you have been host to a French girl named Anne-Marie. Write six sentences relating the events of the day. You may use the following verbs:* **inviter, dire, présenter, acheter, prêter, donner, échanger, répondre, amener.**

9.5 CINQUIÈME JOURNÉE: Jean-Marc a décidé d'obéir.

A1. Sur la trace de Marc Lescrot (*trailing Marc Lescrot*). Marc Lescrot is a dangerous counterfeiter. You followed him from New York to Paris and took the following notes on his various stops. For each place, write down when he arrived, how many days he stayed, when he left and where he went afterwards. (Note: the dates of arrival and departure from each city are given in parentheses.)

Ottawa (11-14) *Il est arrivé à Ottawa le 11. Il est resté 3 jours. Il est parti le 14. Après, il est allé à Londres.*

1. Londres (15-20) _____

_____

2. Amsterdam (21-23) _____

_____

3. Genève (24-26) _____

_____

4. Rome (27-29) → Paris _____

_____

B1. Marc et Manon. In Paris, Marc Lescrot met with his sister Manon. The first day, they did exactly the same things. Write your report on the activities of Manon Lescrot.

MARC LESCROT: MANON LESCROT:

Il est arrivé à Orly à 8 heures. *Elle est arrivée à Orly à 8 heures.*

1. Il est allé à l'hôtel Marbeuf. _____

2. Il est resté là deux heures. _____

3. Il est sorti à midi. _____

4. Il est entré dans un café. _____

5. Il est parti de ce café à 2 heures. _____

6. Il est retourné à son hôtel. _____

B2. Manon. The next day, Manon went out by herself and your assignment was to trail only her. Transcribe the notes you took. (Be careful: some of the verbs are conjugated with **être**, others with **avoir**.)

9h / sortir *Manon est sortie à 9 heures.*

9h30 / prendre le bus *À 9 heures et demie, elle a pris le bus.*

1. 10h / aller dans un magasin _____

2. 11h / acheter une robe _____

3. midi / prendre un taxi _____

4. midi 30 / revenir à l'hôtel _____

5. midi 40 / monter dans sa chambre _____

6. 1h / déjeuner _____

7. 3h / sortir avec une amie _____

8. 6h / rentrer à l'hôtel _____

B3. **A Longchamp.** A week later you are stationed at the Longchamp racetrack where you are to watch the comings and goings of Marc Lescrot (Mc), Manon (Mn), Bill Laroulette (B) and his girl friend Nancy (N). Transcribe your notes.

2h / Mc,B / arriver *A deux heures, Marc et Bill sont arrivés.*

1. 2h15 / Mn / entrer _____

_____

2. 2h15 / N / arriver _____

_____

3. 2h30 / Mn,N / monter _____

_____

4. 2h45 / Mc / sortir _____

_____

5. 3h / Mc / revenir _____

6. 5h15 / Mn,N / descendre _____

_____

7. 5h30 / Mc,Mn,B,N / partir _____

_____

_____

Voyage. *Write six sentences describing a recent trip.*

_____

_____

_____

_____

_____

_____

Activités de compréhension orale

9.1. Act. 4. Understanding vocabulary

	A	B
1.	☐	☐
2.	☐	☐
3.	☐	☐
4.	☐	☐
5.	☐	☐
6.	☐	☐
7.	☐	☐
8.	☐	☐

9.2. Act. 4. Listening for signals

	past	present
	A	B
1.	☐	☐
2.	☐	☐
3.	☐	☐
4.	☐	☐
5.	☐	☐
6.	☐	☐
7.	☐	☐
8.	☐	☐
9.	☐	☐
10.	☐	☐

9.3. Act. 4. Listening for signals

	statement	question
	A	B
1.	☐	☐
2.	☐	☐
3.	☐	☐
4.	☐	☐
5.	☐	☐
6.	☐	☐
7.	☐	☐
8.	☐	☐

Récréation culturelle

Le samedi soir

POUZAY
FÊTE DE LA PLAGE
LE DIMANCHE 19 JUILLET A PARTIR DE 14 HEURES
ACCORDEONISTES de Saint-Pierre-des-Corps - MAJORETTES et
BIGOPHONES de Villedomer - GROUPE FOLKLORIQUE BASQUE de
Pouzay - HORS-BORD - SKI NAUTIQUE - SLALOM figures
et burlesques - ACROBATES

CATCH SUR L'EAU
AVEC 1 MATCH MASCULIN
ET 1 MATCH FEMININ

JEUX NAUTIQUES - Attractions diverses sur l'eau

GRAND BAL MATINEE et SOIREE
avec le célèbre Orchestre
du MOULIN ROUGE et de l'OLYMPIA de PARIS

MARIO CAVALLERO
GRAND FEU D'ARTIFICE
TIRÉ PAR RUGGIERI
MUSIQUE DE SAINTE-MAURE

CLÉRÉ-LES-PINS - CE SOIR à 21 h. 30 BAL
avec **JACKY-NOGUEZ**
CARS GRATUITS   DEPART TOURS A 21 H. 30
Publicité à découper, avec cet article   **ENTRÉE : 9 F**

ROUZIERS — 19 JUILLET
BAL EN SOIRÉE
AVEC **ALAIN SALVET**

LIGUEIL - GRANDE ASSEMBLÉE DE BONCHAMP
SAMEDI 18 - DIMANCHE 19 JUILLET
SOIRÉES DANSANTES
ANIMÉES PAR **MICHEL FRANÇOIS**

CAVEAU DE L'AVENUE
LA CROIX EN TOURAINE - 37
SAMEDI 18 JUILLET, à 21 heures
BOB DICKSON
GRAND BOUM DES VACANCES avec son CHICAGO-TRANSIT
Samedi prochain : LES ATLAS
ENTRÉE : 10 F - Tenue correcte exigée à l'entrée
CARS GRATUITS - DEPART DE TOURS : 1 SAINT-AVERTIN, 1 AMBOISE

BOURGUEIL - CINEMA DE L'ABBAYE - Tél. : 134
Samedi 18 juillet, à 21 h. - Dimanche 19 juillet, à 15 h. 30 et 21 h.
"WEEK-END A ZUYDCOOTE " - Dans l'enfer de Dunkerque en juin 40
avec J.-P BELMONDO - Catherine SPAAK - Marie DUBOIS
François PERIER - Pierre MONDY - J.-P. MARIELLE
Franscope - Eastmancolor

ESVRES-SUR-INDRE   Salle des fêtes
SAMEDI 18 JUILLET
GRAND BAL DES VACANCES
avec l'Orchestre
HUBERT KARCEL

AU FLORIDA
PLACE MIQUEL - TOURS
BAL CE SOIR, à 21 heures
ENTRÉE : 8 F
- avec l'ambiance à
FRANÇOIS VARTEL

NOUATRE **BALS GAILLARD** MARIGNY-MARMANDE
Samedi 18 juillet, 2 soirées
Sous CHAUMIERE BLEUE
avec
Dimanche 19 Juillet
sous CLAIR DE LUNE
avec
JOS SYLVAIN   **JACK COLLINS**

CINÉ-RABELAIS - CHINON ———— Tél. : 128
Samedi 18 à 21 h. - Dimanche 19 juillet à 15 h. 30 et 21 h.
"LES GÉANTS DE L'OUEST "
avec John WAYNE et Rock HUDSON
SAMEDI 18 à 24 heures
" LA CHAMBRE DES TORTURES "
INTERDIT AUX MOINS DE 13 ANS

AZAY-LE-RIDEAU   AU CINEMA FAMILIA
Samedi 21 h., dimanche 15 h. et 21 h. Venez passer une très agréable soirée
avec le fantaisiste Pierre PERRET **LES PATATES**
dans le très beau film

CHOUZE-SUR-LOIRE
SAMEDI 18 JUILLET, EN SOIREE
SALLE DES FETES
GRAND BAL
avec l'orchestre André CLAUDE

POUZAY - DIMANCHE 19 JUILLET
GRAND BAL DE LA PLAGE EN MATINÉE —
— ET SOIREE
Orchestre **MARIO CAVALLERO**
du Moulin Rouge
et de l'Olympia de Paris
avec **LILI MONTÈS**
PRIX DES ENTRÉES : MATINÉE, 3 F — SOIRÉE, 11 F

LA VILLE-AUX-DAMES
TERRAIN DES SPORTS
SOUS PARQUET-SALON

SAMEDI 18 JUILLET 21 h. 30	DIMANCHE 19 JUILLET 17 h. - 22 h.
TONY MORELLI **ELECTION** **DE LA REINE** **DES SPORTS**	**DONY HELLER** MATINEE

NOTE

Le week-end, et particulièrement le samedi soir, les jeunes Français aiment sortir en bande. Où vont-ils? Cela dépend. Certains vont au théâtre ou au cinéma. D'autres préfèrent aller danser. S'ils habitent une grande ville, ils peuvent aller dans une discothèque. S'ils habitent au village, ils vont au bal du village. Lisez la publicité de la page de gauche. Cette publicité annonce différentes activités offertes aux jeunes gens d'une région rurale.

ACTIVITÉS STYLISTIQUES

a. Décrivez une surprise-partie ou un bal où vous avez été récemment.

----

b. Décrivez ce que vous avez fait le week-end dernier.

ACTIVITÉ CULTURELLE

Analysez la publicité de la page de gauche. Comparez les activités offertes aux jeunes Français aux activités offertes dans votre ville. Quelles sont les similarités? Quelles sont les différences?

LES SIMILARITÉS: LES DIFFÉRENCES:

------------------------------------   ------------------------------------

------------------------------------   ------------------------------------

------------------------------------   ------------------------------------

------------------------------------   ------------------------------------

------------------------------------   ------------------------------------

------------------------------------   ------------------------------------

------------------------------------   ------------------------------------

------------------------------------   ------------------------------------

------------------------------------   ------------------------------------

------------------------------------   ------------------------------------

Chapitre dix: Madame R

▪▪▪

INTRODUCTION: *What you will do and learn in Chapter 10*

Module openings:

Madame R, a fortune-teller, predicts that many pleasant things will happen to Sophie. You will discover how her predictions turn out.

In **Lisons** you will find out some of Madame R's secrets.

Notes culturelles:

You will read about certain aspects of French life (the country fair) and about two French islands, one in the Mediterranean Sea, the other in the South Pacific.

Activités:

You will learn how:

to describe what you see	**10.**1A
to express your beliefs	**10.**1A
to make predictions	**10.**2A, **10.**2B, **10.**3A, **10.**3B
to do some personal planning for the future	**10.**2A, **10.**2B, **10.**3A, **10.**3B
to say what you will do when you are older and richer	**10.**.4B

Structure:

The main grammatical focus is on the future tense, which is used to talk about future events.

10.1 LA FÊTE FORAINE

A1. Le kaléidoscope. Mariette is passing around her kaleidoscope and everyone sees something different. Complete the sentences with the appropriate forms of **voir**.

1. Raymond _____ des fleurs.

2. Annie et Francine _____ des roses.

3. Nous _____ la Tour Eiffel.

4. Vous _____ des cercles bleus et rouges.

5. Tu _____ des rectangles jaunes et verts.

6. Henri _____ des constellations.

7. Paul et Pascal _____ une tulipe.

8. Moi, je ne _____ rien.

A2. Où est Henri? Henri has vanished, and everyone has a different thought as to where he might be. Use the verb **croire** to express these opinions, according to the model.

(en ville) Nous *croyons qu'il est en ville* _____

1. (au cinéma) Irène _____

2. (avec Sophie) Je _____

3. (au restaurant) Denis et Marc _____

4. (chez lui) Vous _____

5. (au stade) Tu _____

6. (à la fête foraine) Nous _____

A3.*Retour de voyage (*back from a trip*). Since you know where the following people went, you can tell which of these monuments each one saw: **la Tour Eiffel, la Maison Blanche, la Statue de la Liberté, le Kremlin, l'Orange Bowl, la basilique Saint-Pierre, Big Ben.**

Jacques a été à Londres. *Il a vu Big Ben.* _____

1. Nous avons été à Miami. _____

2. J'ai été à Paris. _____

3. André a été à Rome. _____

4. Mes cousins ont été à New York. _____

5. Vous êtes allés à Washington. _____

6. Tu es allé à Moscou. _____

Révisons: Walkie-talkie. The police chief is checking whether his detectives are where they should be. They are. Use the pronoun y in writing their answers.

LE CHEF: LES DÉTECTIVES:

Êtes-vous à l'aéroport? Nous _y sommes._ _____

1. Allez-vous à Paris? J' _____

2. Est-ce que Marcel dîne au restaurant? Il _____

3. Est-ce que Robert est sur les Champs-Élysées? Il _____

4. Rentrez-vous chez vous? Nous _____

5. Êtes-vous avenue Kennedy? J' _____

6. Allez-vous à l'hôtel de France? Nous _____

B1. Êtes-vous superstitieux? (superstitieuse?) State whether or not you believe in the following things. Use the pronoun y.

1. Croyez-vous à votre horoscope? _____

2. Croyez-vous aux prédictions? _____

3. Croyez-vous aux fantômes? (*ghosts*) _____

4. Croyez-vous aux sorcières? (*witches*) _____

5. Croyez-vous au voudou? (*voodoo*) _____

Pilote. *Imagine that you are piloting a small plane over your city. Write six lines about what you see.*

Je vois la maison où j'habite.

_____

_____

_____

_____

_____

_____

_____

_____

10.2 LES PRÉDICTIONS DE MADAME R

A1. Pique-nique. Little Jeannette found a paper punch and spent an enjoyable twenty minutes punching holes. Unfortunately, the paper she took was a list on which Jacques had written what everyone was to buy for the class picnic. All the future endings have been punched out. Write them again.

Philippe achèter _*a*_____ de la limonade.

1. J'achèter_____ du pain.

2. Hélène achèter_____ du jambon.

3. Nous achèter_____ de la glace.

4. Toi, Pierre, tu achèter_____ des œufs.

5. Vous, André et Marc, vous achèter_____ des oranges.

6. Henri et Jules achèter_____ un gâteau.

A2. Projets de voyage. In planning her trip to France, Michèle wrote the following notes. Now she tells her mother about her plans, and later her mother tells a friend about them. Write what Michèle and her mother say.

Notes: Arriver à Paris le 10 juillet / Rester là une semaine / Visiter Notre-Dame / Monter à la Tour Eiffel / Dîner avec Béatrice / Quitter Paris le 17 juillet / Voyager en train / Visiter la Provence / Regarder les monuments romains / Rentrer en Amérique le 1er août.

MICHÈLE: _J'arriverai à Paris le 10 juillet. Je resterai là_ _____

_____

_____

_____

_____

LA MÈRE DE MICHÈLE: _Michèle arrivera à Paris_ _____

_____

_____

_____

_____

B1. Aujourd'hui et demain. Today is Sunday, but tomorrow is a school day, so Philippe and his friends won't be able to do what they are doing today. Describe Monday.

AUJOURD'HUI   DEMAIN

Philippe joue au tennis. _Il ne jouera pas au tennis._ _____

1. Marc reste chez lui. _____

2. Françoise invite ses amis. _____

3. Hubert regarde la télé. _____

4. Charles déjeune en ville. _____

5. Isabelle dîne au restaurant. _____

6. Jacqueline visite un musée. _____

B2. **Voyages.** Imagine you have a job with the research department of an airlines company. Survey your friends, asking whether they will travel this summer.

Hélène? __*Voyagera-t-elle?*__ _____

1. Louis? _____

2. Paul? _____

3. Michèle? _____

4. Jacques et François? _____

5. Suzanne et Monique? _____

6. Toi? _____

— 7. Vous? _____

8. Annie? _____

En France. *You and your best friend will be going on a tour of France next summer. Write five to seven sentences telling what you plan to do.*

Nous visiterons Paris . . . _____

_____

_____

_____

_____

_____

_____

_____

10.3 L'ÎLE ROMANTIQUE

A1. Demain! For Henri tomorrow is better than today. Write out his reactions to the following reminders.

écrire à Jacques *J'écrirai à Jacques demain.* _____

1. finir la leçon _____

2. choisir un livre _____

3. sortir avec Janine _____

4. répondre à Maurice _____

5. vendre mes skis _____

6. prendre des photos _____

7. apprendre la leçon _____

8. lire ce poème _____

A2. Attendrez-vous Jean-Louis? Jean-Louis and his friends arranged to meet in front of the movie theater before the film. Jean-Louis is very late. Will his friends wait for him? The girls will, the boys won't. Complete the sentences below with the appropriate future forms of **attendre**.

LES FILLES:.

Michèle *l'attendra.*

1. Antoinette _____

2. Vous _____, je crois.

3. Tu _____ aussi.

4. Sophie et Claire _____

LES GARÇONS:

Robert *ne l'attendra pas.*

5. Nous _____

6. Je _____

7. Henri _____

8. Roger et Éric _____

A3. Shopping rapide. When Martine and her friends go shopping, they always get the first thing they see, and never the second thing. Predict their reactions. Use the future forms of **choisir** and **prendre**.

(la jupe rouge/la jupe blanche) Martine *choisira la jupe rouge.*
Elle ne prendra pas la jupe blanche.

1. (le manteau vert/le manteau jaune) Isabelle _____

_____

2. (les disques/les livres) Je _____

_____

3. (la moto/la bicyclette) François et René _____

_____

4. (le sac noir/le sac blanc) Nous _____

_____

5. (les oranges/les bananes) Vous _____

_____

6. (la glace/le gâteau) Tu _____

_____

B1. Imitations. Little Charlot (age 4) has decided that when he is big he will do whatever his brother Yves (age 18) does. Write what Charlot says.

YVES: CHARLOT:

Il a une moto. *Moi aussi, j'aurai une moto.* _____

1. Il a une guitare. _____

2. Il fait du piano. _____

3. Il fait de l'anglais. _____

4. Il va à l'université. _____

5. Il peut voyager. _____

6. Pour les vacances, il va à Chicago. _____

7. Il est grand. _____

8. Il a beaucoup d'amies. _____

9. Il est toujours chez elles. _____

10. Il peut rentrer tard le soir. _____

B2. Projets de voyages. Jacqueline and her friends discuss their travel plans for the summer. Complete the sentences below with the appropriate future forms of **aller**.

1. Hélène _____ à Lyon.

2. Henri _____ à Annecy.

3. Nous _____ en Normandie.

4. J'_____ à Québec.

5. Annie et Lili _____ à Paris.

6. Paul et Simon _____ en Provence.

7. Tu _____ à Québec.

8. Vous _____ en Savoie.

_____

Interview. *Imagine that you are interviewing a group of students who will spend the summer in Europe. Ask them six questions about their plans.*

Irez-vous en Angleterre?

_____

_____

_____

_____

_____

_____

10.4 L'ERREUR DE MADAME R

A1. **Jacques est malade.** Today Jacques is sick in bed, but tomorrow he will be able to do what he cannot do today. Describe tomorrow's activities.

AUJOURD'HUI: DEMAIN:

Il ne voit pas Charles. _*Il verra Charles.*_____

1. Il ne voit pas Jacqueline. _____

2. Il ne vient pas chez nous. _____

3. Il ne veut pas étudier. _____

4. Il ne veut pas travailler. _____

5. Il ne sait pas sa leçon. _____

6. Il ne voit pas ses amis. _____

B1. **Un cercle vicieux.** Pierre always thinks ahead, but sometimes he ends up where he started. Follow his line of thought by filling in the blanks. For the first blank, use the appropriate form of the last verb of the preceding sentence. For the second blank, use the verb in parentheses. (Note: **nager** means *to swim*.)

(manger) Si j'ai faim, je _*mangerai*_ des gâteaux.

1. (avoir) Si je _*mange*_ des gâteaux, j'_____ soif.

2. (aller) Quand j'_____ soif, j'_____ au café.

3. (voir) Quand j'_____ au café, je _____ Marc.

4. (parler) Quand Marc me _____, il me _____ d'Édith.

5. (téléphoner) Si nous _____ d'Édith, nous lui _____.

6. (venir) Si nous lui _____, elle _____ .

7. (aller) Quand elle _____, nous _____ à la plage.

8. (nager) Si nous _____ à la plage, nous _____

9. (être) Si nous _____, nous _____ fatigués.

10. (rentrer) Quand nous _____ fatigués, nous _____ à la maison.

11. (avoir) Quand je _____, j'_____ faim.

12. Et si j'ai faim? . . .

B2. **La réalité et le rêve** (*reality and wishful thinking*). You are dreaming about a reality which is different from that of today. Start your sentences with **quand** and complete them using your imagination.

Je n'ai pas d'argent. _*Quand j'aurai de l'argent, je m'achèterai un grand bateau).*_____

1. Je n'ai pas vingt ans. _____

_____

2. Je ne vais pas en France. _____

_____

3. Je n'ai pas de moto. ---

----

4. Je ne suis pas riche. ---

----

5. Je ne veux pas étudier. ---

----

6. Je ne sais pas danser. ---

----

7. Il ne fait pas beau. ---

----

8. Mes amis ne viennent pas chez moi. ---

C1. **Êtes-vous bon observateur (bonne observatrice)?** The words on the left are probably familiar to you, but you have not yet learned their gender. Even so, you should be able to tell which are masculine and which are feminine by looking at the sentence which follows. Circle **M** for masculine and **F** for feminine.

1. autobus	Nous l'avons pris.	**M**	**F**
2. automobile	Je l'ai vue.	**M**	**F**
3. directeur	Vous l'avez attendu.	**M**	**F**
4. hélicoptère	Ils l'ont entendu.	**M**	**F**
5. tracteur	Tu l'as acheté.	**M**	**F**
6. cathédrale	Je l'ai visitée.	**M**	**F**
7. chapelle	Nous l'avons admirée.	**M**	**F**
8. crocodile	Nous l'avons pris en photo.	**M**	**F**

C2. **Rencontres.** When Jim came back from France, his mother asked him if he had seen the following people. Complete his answers.

LA MÈRE DE JIM: JIM:

Caroline? Non, *je ne l'ai pas vue.* ---

1. l'oncle André? Oui, ---

2. tes cousins? Oui, ---

3. Antoine? Non, ---

4. ton professeur de français? Non, ---

5. Isabelle et Marie? Oui, ---

6. Gilles et Roger? Oui, ---

Après l'école. *List six things you will do once you have finished high school.*
Quand j'aurai mon diplôme, je . . .

10.5 MADAME R A DIT LA VÉRITÉ.

A1. **Êtes-vous bon observateur (bonne observatrice)?** Read the following sentences carefully. In front of each one, write **aujourd'hui** (if it is written in the present tense), **hier** (if it is written in the past tense) or **demain** (if it is written in the future tense).

Demain _____, je téléphonerai à Jacques.

1. _____, tu travailles.

2. _____, il a étudié.

3. _____, elle dînera en ville.

4. _____, tu visiteras la fête foraine.

5. _____, nous avons parlé français.

6. _____, je regarderai la télévision.

7. _____, tu restes chez toi.

8. _____, ils jouent au tennis.

A2. **Un proverbe mystérieux.** Do you know how to say *laugh* in French? The verb is **rire**. Now you should be able to understand the proverb that you will discover by filling in the missing letters in the story and transferring them to the grid at the end of the exercise.

Allô Hélène? Est-ce que tu se_____as chez toi demain? Parfait, j'arrivera_____ chez toi à onze
    1   2

heures. Mais oui, mon frère Charles viend_____ _____ aussi. Et mes cousines Élisa_____eth et
                                          3   4   5

Julie? Elles v_____ _____ _____ dront aussi! Ce sont elles _____ui adorent tellement (*so much*)
               6   7   8   9

ta c_____is_____ne. Elles se_____ont très contentes de te revo_____r. Tu nous invite_____as
    10   11   12   13   14

à déjeuner, n'est-ce pas? Comment? tu ne pourr_____s pas? Tu as un rendez-vous chez _____e
                                               15   16

dentiste à onze heures et demie? Tu exaggères! Dis qu_____ tu n'as pas envie _____e nous
                                                      17   18

voir. Très bien! nous n_____ t'invite_____o_____s plus chez nous. Moi, je ne te parlera_____
                        19   20   21   22

plus! Cela t'appr_____nd_____a à être désagréable!
                  23   24

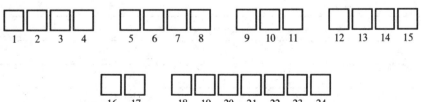

B1. Activités. Four French teen-agers talk about their various activities. Complete their sentences by filling in the blanks with the appropriate words in parentheses.

CAROLINE: Je vais _____ au cinéma. _____, je suis allée voir un
«western»._____, j'irai voir une comédie musicale. (demain, souvent, hier)

JACQUES: _____, je suis dans ma chambre. _____, j'ai joué au
tennis. _____, je suis allé à la plage. (avant, maintenant, ensuite)

HÉLÈNE: Il est _____ midi! Je vais _____ déjeuner. _____
_____, j'irai à la piscine. (bientôt, ensuite, déjà)

PIERRE: _____, je n'irai pas au théâtre parce que j'ai _____ vu cette
comédie. J'irai jouer au tennis et _____ je rentrerai chez moi. (ensuite,
demain, déjà)

B2. Questions et réponses. Caroline likes to ask her new boy friends a lot of questions. Write down Pierre's answers, using the adverbs in parentheses. (Be sure to put these adverbs in their proper place.)

CAROLINE: PIERRE:

As-tu voyagé? (souvent) *Oui, j'ai souvent voyagé.*

Quand as-tu acheté cette cravate? (hier) *J'ai acheté cette cravate hier.*

1. Où as-tu acheté ce disque? (là-bas) _____

2. Où as-tu déjeuné? (ici) _____

3. Quand as-tu lu ce magazine? (aujourd'hui) _____

4. Quand as-tu vu Paul? (hier) _____

5. As-tu joué au tennis cet été? (souvent) _____

6. As-tu été à Paris? (déjà) _____

La classe de français. *Write ten sentences describing your accomplishments in this year's French class, and what you hope to accomplish next year.*

_____

_____

_____

_____

_____

_____

_____

_____

Nom _____ Date _____

Activités de compréhension orale

10.2.Act.4. Listening for signals

    future   other

	A	B
1.	☐	☐
2.	☐	☐
3.	☐	☐
4.	☐	☐
5.	☐	☐
6.	☐	☐
7.	☐	☐
8.	☐	☐
9.	☐	☐
10.	☐	☐

10.3.Act.5. Listening for signals

    future   other

	A	B
1.	☐	☐
2.	☐	☐
3.	☐	☐
4.	☐	☐
5.	☐	☐
6.	☐	☐
7.	☐	☐
8.	☐	☐
9.	☐	☐
10.	☐	☐

10.4.Act.4. Listening for signals

    future   other

	A	B
1.	☐	☐
2.	☐	☐
3.	☐	☐
4.	☐	☐
5.	☐	☐
6.	☐	☐
7.	☐	☐
8.	☐	☐
9.	☐	☐
10.	☐	☐

10.4.Act.7. Listening for signals

	A	B
1.	☐	☐
2.	☐	☐
3.	☐	☐
4.	☐	☐
5.	☐	☐
6.	☐	☐
7.	☐	☐
8.	☐	☐
9.	☐	☐
10.	☐	☐

10.5.Act.4. Listening for signals

  passé présent futur

	A	B	C
1.	☐	☐	☐
2.	☐	☐	☐
3.	☐	☐	☐
4.	☐	☐	☐
5.	☐	☐	☐
6.	☐	☐	☐
7.	☐	☐	☐
8.	☐	☐	☐
9.	☐	☐	☐
10.	☐	☐	☐
11.	☐	☐	☐
12.	☐	☐	☐

10.5.Act.5. Listening for signals

  passé futur

	A	B
1.	☐	☐
2.	☐	☐
3.	☐	☐
4.	☐	☐
5.	☐	☐
6.	☐	☐
7.	☐	☐
8.	☐	☐

Récréation culturelle

Au Club Méditerranée

Le Club Méditerranée a des villages de vacances . . .

aux Antilles

et à Tahiti.

Le Club Méditerranée offre de nombreuses activités:

Voici le bulletin d'inscription:

Villages Soleil, été Mer, Outremer Proche-Orient	ACAPULCO	LES BOUCANIERS	FORT ROYAL	TAHITI
village-hôtel	■		■	
cases, bungalows de toile casitas (eau, électricité)		▣	▣	▣
villages enfants mini-club				
sports terrestres	●	●	●	●
piscine	♒		♒	
tennis		🎾	🎾	
escrime				
yoga	☺	☺	☺	
équitation				🐎
divers golf – pêche au gros	P			P
judo				
voile		⛵	⛵	⛵
ski nautique		🎿		🎿
chasse sous-marine				🤿
plongée libre		🐋		🐋
plongée scaphandre	🐟		🐟	🐟
musique classique	🎵	🎵	🎵	🎵
orchestre ou cabaret	🎵	🎵	🎵	🎵
night-club (discothèque)	♪	♪	♪	
petites excursions	🚍	🚍	🚍	🚍
forum				
atelier forum				
bivouacs, sorties en mer	🛶	🛶	🛶	🛶
circuits club	🏁			
voiture sans chauffeur		🚗	🚗	🚗
villages annexes				🏘

DEMANDE DE RESERVATION
ET D'INSCRIPTION

Pour (1) le village / a _____ / b _____ / c _____

Date de départ / a _____ / b _____ / c _____

Pour une durée de _____ semaines

NOM _____

Filiations	Prénom	Date de naissance	Profession	Nationalité
0)				
1)				
2)				
3)				
4)				

Adresse N° _____ Rue _____

N° Dép. _____ Ville _____

Téléphone bureau _____ domicile _____

Date et signature

_____

NOTE

Le Club Méditerranée est un club de vacances international d'origine française. Ce club a de nombreux « villages de vacances ». Les villages du Club Méditerranée se trouvent, bien sûr, le long de la Méditerranée (en France, en Italie, en Grèce, en Turquie, en Israël, en Égypte, en Tunisie, en Algérie, au Maroc, en Espagne . . .). Il y a aussi des villages en Polynésie française (Tahiti), au Mexique, à la Martinique et à la Guadeloupe. Notez les nombreuses activités qu'offre le Club Méditerranée dans ces villages.

UN JEU

Imaginez que vous voulez passer une semaine de vacances dans un village du Club Méditerranée avec deux ou trois amis. Choisissez l'un des 4 villages de vacances (Acapulco, Les Boucaniers, Fort Royal, Tahiti). Ensuite, remplissez la demande de réservation et d'inscription pour vous et vos amis.

ACTIVITÉ STYLISTIQUE

Maintenant que vous avez rempli votre demande d'inscription, écrivez une lettre à un(e) ami(e). Décrivez-lui vos projets. (Dans quel village passerez-vous les vacances? Avec qui? Pour combien de temps? Qu'est-ce que vous ferez?)

ACTIVITÉS CULTURELLES

a. Faites une collection de brochures touristiques sur les lieux de vacances (*vacation spots*) où l'on parle français: par exemple, la Côte d'Azur, Tahiti, la Martinique, Québec, la Gaspésie (au Canada), Bruxelles, Genève, le Sénégal.
b. En anglais, préparez un petit compte-rendu (*report*) sur la Martinique ou la Guadeloupe.
c. En anglais, préparez un petit compte-rendu sur Tahiti.

Answers to the Exercises

Chapitre un

Module 1

A1.
1. Jacques (habite)
2. Louise (habite)
3. Jacques et Louise (arrivent)
4. Louise (visite)
5. Jacques (téléphone)
6. Christine (invite)
7. Christine, Jacques et Louise (dînent)
8. Jacques et Christine (dansent)

B1.
1. a
2. b
3. b
4. b
5. a
6. a
7. b
8. a

B2.
1. habite
2. habitent
3. habite
4. habitent
5. habite
6. habitent
7. habitent
8. habite

B3.
1. visite Orléans aussi.
2. visitent Marseille aussi.
3. téléphone aussi.
4. dînent aussi.
5. dansent aussi.
6. invite Robert aussi.
7. invitent Sophie aussi.
8. arrive à Montréal aussi.

Module 2

A1.
1. ☐ ☑ ☐ ☐
2. ☐ ☐ ☑ ☐
3. ☑ ☐ ☐ ☐
4. ☐ ☐ ☐ ☑
5. ☐ ☑ ☐ ☐
6. ☑ ☐ ☐ ☐

(a)
A2.
1. Elle étudie aussi.
2. Il étudie aussi.
3. Elle étudie aussi.
4. Ils étudient aussi.
5. Ils étudient aussi.

(b)
6. Elle parle français aussi.
7. Elles parlent français aussi.
8. Ils parlent français aussi.
9. Ils parlent français aussi.
10. Ils parlent français aussi.

B1.
1. Il ne visite pas Toronto.
2. Il visite New York.
3. Il ne visite pas Vancouver.
4. Il visite Seattle.
5. Il ne visite pas Québec.
6. Il visite Chicago.
7. Il ne visite pas Ottawa.
8. Il ne visite pas Halifax.

B2.
1. ne visite pas Québec.
2. ne parle pas français.
3. ne parle pas anglais.
4. n'étudie pas.
5. n'étudie pas l'espagnol.
6. n'habite pas à Paris.
7. ne danse pas avec Paul.
8. n'invite pas Annie.

Module 3

V1. zéro un <u>deux</u> trois <u>quatre</u> cinq six <u>sept</u> <u>huit</u> <u>neuf</u> dix <u>onze</u> <u>douze</u>

A1.
1. Est-ce que Jacques étudie à Montréal?
2. Est-ce que Jacques parle français?
3. Est-ce que Jacques parle anglais aussi?
4. Est-ce que Jacques téléphone à Nicole?
5. Est-ce que Jacques invite Nicole?
6. Est-ce que Jacques dîne avec Nicole?
7. Est-ce que Jacques danse avec Nicole?
8. Est-ce que Jacques danse avec Annie aussi.?

B1.
1. Quand est-ce qu'elle visite Québec?
2. Quand est-ce qu'il arrive à New York?
3. Quand est-ce qu'elles visitent Montréal?
4. Quand est-ce qu'ils visitent Rome?
5. Quand est-ce qu'il rentre à Abidjan?
6. Quand est-ce qu'ils rentrent à Fort-de-France?

B2.
1. Où
2. Quand
3. Où
4. Avec qui
5. Quand
6. Avec qui

C1.
1. J'
2. Vous
3. J'
4. Vous
5. Nous
6. Tu
7. Tu
8. J'
9. Nous
10. Je
11. Vous
12. Nous

C2.
1. Nous parlons.
2. Vous dînez.
3. Nous dînons.
4. Nous rentrons.
5. Vous étudiez.
6. Vous arrivez.
7. Vous habitez à Montréal.
8. Nous étudions.

Module 4

A1. 1. **A**
2. **B**
3. **A**
4. **B**
5. **A**
6. **A**

B1. 1. Oui, il aime voyager.
2. Oui, il aime téléphoner.
3. Oui, il aime parler espagnol.
4. Oui, il aime étudier.
5. Oui, il aime jouer au tennis.
6. Oui, il aime danser.

C1. 1. -e   6. -e
2. -es   7. -es
3. -ons   8. -ons
4. -ez   9. -ent
5. -ent   10. -e

C2. 1. joues au tennis?   ne joue pas au tennis.
2. jouez au tennis?   ne jouons pas au tennis.
3. joue au tennis?   ne joue pas au tennis.
4. jouent au tennis?   ne jouent pas au tennis.

Module 5

A1. 1. Qui joue au ping-pong?
2. Qui parle anglais?
3. Qui étudie l'espagnol?
4. Qui aime danser?
5. Qui aime voyager?
6. Qui aime regarder la télé?

B1. 1. qui est-ce que tu téléphones souvent?
2. qui est-ce que tu parles rarement?
3. qui est-ce que tu étudies?
4. qui est-ce que tu travailles?
5. qui est-ce que tu parles anglais?
6. qui est-ce que tu parles italien?

C1. 1. elle   7. elle
2. lui   8. moi
3. lui   9. toi *or* vous
4. elle   10. vous
5. elles   11. nous
6. eux   12. eux

C2. 1. dînent avec nous.
2. parlent avec vous.
3. dînons avec lui.
4. dansent avec eux.
5. voyage avec moi.
6. visitons Paris avec toi.
7. arrivez à Paris avec moi.
8. travaille avec eux.
9. habitons avec elle.
10. rentres avec lui.

Chapitre deux

Module 1

V1. 1. Il est une heure.
2. Il est trois heures.
3. Il est midi.
4. Il est minuit.
5. Il est onze heures.
6. Il est sept heures.

A1. 1. suis
2. êtes
3. sommes
4. est
5. sont
6. sont

A2. 1. Vous êtes à Paris.
2. Il est à Londres.
3. Je suis à Rome.
4. Elles sont à Anaheim.
5. Ils sont à Athènes.
6. Il est à Moscou.
7. Tu es à Houston.
8. Elle est à New York.

B1. 1. étudies-tu le français?
2. joues-tu au tennis?
3. regardes-tu souvent la télé?
4. écoutes-tu souvent la radio?
5. aimes-tu voyager?
6. aimes-tu danser?

B2. 1. Aime-t-il New York?
2. Aime-t-il Boston?
3. Aime-t-elle Baton Rouge?
4. Aiment-elles Denver?
5. Aiment-ils Phoenix?
6. Aiment-ils Omaha?

B3. 1. est-il au Canada?
2. visite-t-il Montréal?
3. aime-t-il Québec?
4. parle-t-il anglais?
5. téléphone-t-il souvent?
6. rentre-t-il à Paris?

Module 2

A1. 1. **M**
2. **M**
3. **F**
4. **M**
5. **M**
6. **F**
7. **M**
8. **F**

B1. 1. Jacques est un ami de New York.
2. Henri est un ami de Marseille.
3. Juliette est une amie de Québec.
4. Nathalie est une amie de Montréal.
5. Joseph est un ami de Boston.
6. Barbara est une amie de Chicago.

C1. 1. n'est pas blonde.
2. n'est pas petite.
3. n'est pas grande.
4. n'est pas élégante.
5. n'est pas embêtante.
6. n'est pas drôle.
7. n'est pas sympathique.
8. n'est pas belle.

C2. Charles est grand. Il est blond. Il est assez beau. Il n'est pas très élégant.
    André est brun. Il n'est pas grand. Il est drôle. Il n'est pas très beau.
    Monsieur Kouadio est brun. Il est grand et sympathique. Il est très élégant.
    Béatrice est brune. Elle n'est pas petite, mais elle n'est pas très grande.
    Elle est sympathique et drôle.
    Corinne est grande et blonde. Elle est élégante et belle.
    Madame Rémy est petite et brune. Elle n'est pas très belle. Elle n'est pas très drôle.

Module 3

V1. ☐1 un électrophone
    ☐8 un livre
    ☐4 un transistor
    ☐7 un vélo
    ☐2 une montre
    ☐5 une moto
    ☐9 une voiture
    ☐6 un sac

A1. a. 1. a
       2. a
       3. ont trois
    b. 4. ai
       5. as
       6. avons cinq

    c. 7. a
       8. ont
       9. as
       10. avez huit
    d. 11. a
       12. a
       13. ont deux

B1. 1. il?
    2. elle?
    3. il?
    4. elle?
    5. il?
    6. elle?

B2. 1. Est-ce qu'il est intéressant?
    2. Est-ce qu'il est intéressant?
    3. Est-ce qu'elle est intéressante?
    4. Est-ce qu'elle est intéressante?

C1. 1. Il n'a pas d'électrophone.
    2. Il n'a pas de voiture.
    3. Il n'a pas de moto.
    4. Il n'a pas de vélo.
    5. Il n'a pas d'amie.
    6. Il n'a pas d'ami.
    7. Il n'a pas de cousin.
    8. Il n'a pas de cousine.

Module 4

A1. 1. un petit transistor.
    2. un livre intéressant.
    3. un disque anglais.
    4. une montre pratique.
    5. une jolie guitare électrique.
    6. un grand sac bleu.

C1. 1. ce n'est pas elle!
    2. ce n'est pas lui!
    3. ce n'est pas lui!
    4. ce n'est pas elles!
    5. ce n'est pas eux!
    6. ce n'est pas moi!

C2. 1. C'est un acteur.
    2. C'est une actrice.
    3. C'est une championne de tennis.
    4. C'est une artiste.
    5. C'est un athlète.
    6. C'est un astronaute.
    7. C'est une poétesse.
    8. C'est un cowboy.

C3. 1. M: Il est intelligent.
       J: Oui, c'est un garçon intelligent.
    2. M: Elle est jolie.
       J: Oui, c'est une jolie fille.
    3. M: Il est stupide.
       J: Oui, c'est un garçon stupide.
    4. M: Elle est bête.
       J: Oui, c'est une fille bête.

C4. 1. C'est; Il est; C'est
    2. Elle est; C'est; Elle est
    3. C'est; Il est

Module 5

A1. 1. cinq livres
    2. quatre disques
    3. deux vélos (bicyclettes)
    4. six sacs
    5. sept montres

B1. 1. est une
    2. est un
    3. sont des
    4. sont des
    5. sont des
    6. sont des

C1. 1. Ils sont français.
    2. Elles sont françaises.
    3. Elles sont canadiennes.
    4. Ils sont anglais.
    5. Ils sont espagnols.
    6. Elles sont américaines.

B2C2D1. 1. Ce sont des poètes anglais.
2. Ce sont des acteurs américains.
3. Ce sont des championnes américaines.
4. Ce sont des actrices anglaises.
5. Ce sont des musiciens américains.
6. Ce sont des boxeurs américains.

E1. 1. brun, beau, charmant
2. jolie, blonde, amusante
3. petits, idiots, embêtants
4. intelligentes, élégantes, grandes

E2. 1. française, français, françaises
2. américaine, américains, américaines
3. anglaise, anglais, anglaises
4. espagnole, espagnols, espagnoles

Chapitre trois

Module 1

(a)
A1. 1. allez
2. allons
3. va

(b)
4. vas
5. vais
6. vont

A2. 1. vais à Genève.
2. va à Paris.
3. vas à San Francisco.
4. va à Tokyo.
5. vont à Rome.
6. allons à Luxembourg.
7. allez à Amsterdam.
8. vont à Londres.

B1. 1. rentre chez moi.
2. rentrons chez nous.
3. rentres chez toi.
4. rentre chez elle.
5. rentrent chez eux.
6. rentrez chez vous.
7. rentrent chez elles.
8. rentrent chez eux.

B2. 1. chez Suzanne.
2. chez Marc et Louis.
3. chez Monsieur Moreau.
4. chez Madame Leblanc.
5. chez Monsieur et Madame Berthier.
6. chez Isabelle.

A3C1. 1. va jouer au tennis.
2. ne va pas étudier.
3. vont organiser une surprise-partie.
4. ne vont pas inviter Jacques.
5. vais regarder la télé.
6. ne vais pas aller en ville.
7. allons téléphoner à Suzanne.
8. n'allons pas téléphoner à Monique.

Module 2

A1. 1. Il y a un restaurant.
2. Il n'y a pas d'hôtel.
3. Il y a une statue.
4. Il y a un taxi.
5. Il n'y a pas de bus.
6. Il y a une bicyclette.
7. Il y a des maisons.
8. Il n'y a pas de musées.

B1. 1. M
2. M
3. M
4. F
5. M
6. F
7. M
8. F

B2. 1. Où est le théâtre?
2. Où est le musée?
3. Où est la piscine?
4. Où est l'université?
5. Où est la cathédrale?
6. Où sont les monuments anciens?
7. Où sont les quartiers modernes?
8. Où sont les quartiers anciens?

C1. 1. J'aime (je n'aime pas) la danse.
La danse est (n'est pas) amusante.
2. J'aime (je n'aime pas) la musique classique.
La musique classique est (n'est pas) embêtante.
3. J'aime (je n'aime pas) le français.
Le français est (n'est pas) difficile.
4. J'aime (je n'aime pas) les sciences sociales.
Les sciences sociales sont (ne sont pas) intéressantes.

C2. 1. Les
2. La
3. La
4. Les
5. Les
6. Le

C3. 1. L'histoire est une science sociale.
2. Le nickel est un métal.
3. La banane est un fruit.
4. La biologie est une science physique.
5. Le léopard est un animal.
6. L'Himalaya est une montagne.
7. Le Pacifique est un océan.
8. Le Canada est une nation américaine.
9. La France est une nation européenne.
10. L'Europe est un continent.

Module 3

V1. HIER: mercredi   vendredi   mardi   dimanche
DEMAIN: vendredi   dimanche   jeudi   mardi
A1. (Mardi, Mercredi, Jeudi, Vendredi, Samedi, Dimanche) je vais aller (à la Tour Eiffel,
à l'Arc de Triomphe, aux Champs-Élysées, aux Invalides, à l'Opéra, au Louvre).

A2. 1. Le professeur va à l'université.
2. Le docteur va à l'hôpital.
3. Le chimiste va au laboratoire.
4. Le pharmacien va à la pharmacie.
5. L'athlète va au stade.
6. Le pilote va à l'aéroport.

A3. 1. Elle est au concert.
2. Il est au restaurant.
3. Elle est au musée.
4. Il est au cinéma.
5. Il est au théâtre.
6. Elle est à l'université.
7. Elle est aux Champs-Élysées.
8. Il est à la campagne.

Module 4

V1. 1. **F** vingt et un
2. **F** quarante-cinq
3. **V**
4. **V**
5. **V**
6. **F** soixante-six
7. **F** soixante et un
8. **F** soixante
9. **F** quinze
10. **F** dix-huit

A1. 1. C'est le sac de Marius.
2. C'est l'Alfa-Roméo de César.
3. C'est la Citroën de Marius.
4. C'est la maison de César.
5. Ce sont les livres de César.
6. C'est la bicyclette de Marius.

B1. 1. J'arrive du boulevard Saint-Germain.
2. J'arrive des Champs-Élysées.
3. J'arrive du Louvre.
4. J'arrive de l'hôtel.
5. J'arrive du restaurant.
6. J'arrive des Invalides.
7. J'arrive de la Tour Eiffel.
8. J'arrive des boutiques de la rue Saint-Honoré.

B2. 1. Washington est la capitale des États-Unis.
2. Paris est la capitale de la France.
3. Rome est la capitale de l'Italie.
4. Mexico est la capitale du Mexique.
5. Moscou est la capitale de l'Union Soviétique.
6. Pékin est la capitale de la Chine.

B3. 1. Non, la maison du docteur Seringue est verte.
2. Non, la bicyclette de l'ami de François est noire.
3. Non, le chalet des amies de Christine est jaune.
4. Non, le sac de la cousine de Paul est bleu.

Module 5

V1. HIVER: <u>janvier</u>, février, <u>mars</u>
PRINTEMPS: <u>avril</u>, mai, <u>juin</u>
ÉTÉ: <u>juillet</u>, <u>août</u>, septembre
AUTOMNE: octobre, <u>novembre</u>, <u>décembre</u>

A1. ce; ces; cet; cette; ces; cette; cette; ces; ces

A2. 1. ce
2. cette
3. ce
4. cet
5. cette
6. ces
7. cette
8. ces

B1. 1. Quelle amie?
2. Quelles filles?
3. Quel garçon?
4. Quels Anglais?
5. Quelles amies?
6. Quels amis français?

C1. 1. c'est le quatorze février.
2. c'est le vingt et un mars.
3. c'est le quatre mai.
4. c'est le trente juin.
5. c'est le quatorze juillet.
6. c'est le vingt août.

Chapitre quatre

Module 1

A1. 1. Qu'est-ce que tu parles
2. Qu'est-ce que tu aimes?
3. Qu'est-ce que tu regardes
4. Qu'est-ce que tu fais
5. Qu'est-ce que tu désires

B1. 1. faisons
2. font
3. fais
4. fais
5. faites
6. fait

B2. 1. Elle fait de la guitare.
2. Il fait du trombone.
3. Ils font du saxophone.
4. Tu fais de la clarinette.
5. Vous faites du tuba.
6. Elle fait de la trompette.

Révisons: une interview
1. Il va visiter Pékin.
2. Ils font des conférences.
3. Il fait du sport.
4. Ils font du tennis.
5. En été, ils sont toujours en Afrique.
6. Oui, il est aussi photographe.
7. Il a une excellente caméra.
8. Ils ont des photos de l'Himalaya.

Révisons: un puzzle
1. est; fait; a; va
2. est; fait; a; va
3. est; a; fait; va
4. fait; a; va; est

Module 2

A1. 1. Mon professeur d'histoire s'appelle _____.
2. Mon professeur de sciences s'appelle _____.
3. Mon professeur d'anglais s'appelle _____.
4. Mon professeur de mathématiques s'appelle _____.
5. Mon professeur d'éducation physique s'appelle _____.
6. Mon professeur de musique s'appelle _____.

A2. 1. de musique pop.
2. de tennis.
3. d'histoire.
4. de ping-pong.
5. de golf.
6. de photos.
7. d'anglais.
8. de baseball.

B1. En hiver, quand il neige, elle fait du ski. Quand elle a froid, elle fait du basketball avec des amis. Au printemps, elle fait du golf, même quand il pleut. En été, quand il fait beau, elle fait du volleyball et quand elle a très chaud, elle va à la plage.

Module 3

A1.

A	B
1.	la télévision
2.	la lampe
3. le sofa	la table
4. le banjo	la clarinette
5. le ballon de football	la raquette
6. le réfrigérateur	
le ventilateur	

A2. mon père   ma mère   ma tante   mon oncle
mon frère   ma sœur   mon cousin   ma cousine

A3. 1. C'est ton livre.
2. C'est ma bicyclette.
3. Ce sont tes disques.
4. C'est ton sac.
5. C'est mon transistor.
6. C'est ma lampe.
7. Ce sont mes albums.
8. C'est ton vélomoteur.

Module 4

A1.
(a)
1. son
2. sa
3. sa
4. ses
(b)
5. sǝ
6. son
7. ses

A2.

LES AFFAIRES DE JACQUES	LES AFFAIRES DE FRANÇOISE
2. Voici sa caméra.	2. Voici son album de photos.
3. Voici ses livres.	3. Voici ses photos.
4. Voici son transistor.	4. Voici son électrophone.
5. Voici ses skis.	5. Voici ses disques.
6. Voici sa raquette	6. Voici sa flûte.
7. Voici sa guitare.	7. Voici sa raquette de tennis.

A3B1.
1. sa
2. son
3. leur; leurs
4. leurs
5. leurs
6. sa; sa

C1.

LE PÈRE:	LA MÈRE:
1. Ce ballon est à Alain.	Oui, c'est son ballon.
2. Cet électrophone est à Domitille.	Oui, c'est son électrophone.
3. Ces balles de tennis sont à Alain.	Oui, ce sont ses balles de tennis.
4. Ces disques sont à Domitille.	Oui, ce sont ses disques.
5. Cette raquette est à Alain.	Oui, c'est sa raquette.
6. Cette flûte est à Domitille.	Oui, c'est sa flûte.

Module 5

V1.
1. quatre
2. soixante
3. vingt
4. neuf
5. soixante-dix
6. quatre / dix
7. soixante / onze
8. vingt-onze

V2.
1. vingt-huit
2. cinquante-cinq
3. cent soixante-dix-sept
4. cent quatre-vingt-dix-neuf
5. cent vingt-cinq
6. dix-neuf cent cinquante-deux

A1.

M. ET J.:	VOUS:
1. notre	Il est dans votre
2. notre	Elle est dans votre
3. nos	Elles sont dans vos
4. nos	Elles sont dans vos
5. nos	Ils sont dans votre
6. notre	Il est dans votre

A2.

A. ET M.:	LEUR MÈRE:
1. Où sont nos livres?	Voilà vos livres.
2. Où sont nos disques?	Voilà vos disques.
3. Où est notre électrophone?	Voilà votre électrophone.
4. Où est notre transistor?	Voilà votre transistor.
5. Où est notre caméra?	Voilà votre caméra.
6. Où est notre collection de cartes postales?	Voilà votre collection de cartes postales.

B1.
1. Combien de téléphones avez-vous?
2. Combien de télévisions avez-vous?
3. Combien de radios avez-vous?
4. Combien de bicyclettes avez-vous?
5. Combien d'électrophones avez-vous?
6. Combien de réfrigérateurs avez-vous?

Chapitre cinq

Module 1

V1.
1. L'avion de Calcutta arrive à une heure et demie.
2. L'avion de Lisbonne arrive à 6 heures et demie.
3. L'avion de Londres arrive à midi (minuit) et demi.
4. L'avion de Bruxelles arrive à 9 heures et demie.

A1.
1. prends ma raquette.
2. prennent des photos.
3. prend sa guitare.
4. prends ton appareil-photo.
5. prennent leurs bicyclettes.
6. prenez votre montre.
7. prend sa clé.
8. prenons nos livres.

B1.

À JOHN:
1. Alors, danse!
2. Alors, invite des amis!
3. Alors, téléphone!
4. Alors, va en ville!
5. Alors, fais du ski!
6. Alors, prends des photos!

À JIM ET JERRY:
Eh bien, dansez!
Eh bien, invitez des amis!
Eh bien téléphonez!
Eh bien, allez en ville!
Eh bien, faites du ski!
Eh bien, prenez des photos!

B2. 1. Non, ne joue pas au tennis avec Marc!
2. D'accord, joue au ping-pong avec Monique!
3. Non, ne fais pas de piano chez Philippe!
4. D'accord, fais de la poterie chez Nicole!
5. Non, ne téléphone pas à François!
6. D'accord, téléphone à Michèle!
7. Non, ne va pas chez Charles!
8. D'accord, va chez Béatrice!

Module 2

V1. 1. En fait, il est neuf heures et quart.
2. En fait, il est dix heures moins le quart.
3. En fait, il est deux heures moins le quart.
4. En fait, il est cinq heures moins le quart.
5. En fait, il est huit heures et quart.
6. En fait, il est une heure et quart.

A1. 1. Dînons aussi en ville!
2. Téléphonons aussi!
3. Étudions aussi!
4. Regardons aussi la télévision!
5. Collectionnons aussi les timbres!
6. Faisons aussi du piano!
7. Allons aussi au cinéma!
8. Prenons aussi le bus!

A2. 1. Dansons!
2. Voyageons!
3. Allons au théâtre!
4. Regardons la télé!
5. Faisons du tennis!
6. Écoutons des concerts!

B1. 1. Visite-le!
2. Visite-les!
3. Visite-la!
4. Visite-la!
5. Visite-les!
6. Visite-la!
7. Visite-le!
8. Visite-les!

B2. 1. Regardons-le!
2. Regardons-le!
3. Regardons-la!
4. Regardons-la!
5. Regardons-les!
6. Regardons-les!

Module 3

A1. 1. Du jambon!
2. De l'agneau!
3. De la salade!
4. Du fromage!
5. De la glace!
6. Du gâteau!

A2. 1. Je désire de la
2. Je désire du
3. Je désire de l'
4. Je désire du
5. Je désire de la
6. Je désire du

A3.

M. LABAFRE:
1. Avez-vous du jambon?
2. Avez-vous du rosbif?
3. Avez-vous de la soupe?
4. Avez-vous de la salade?
5. Avez-vous du fromage?
6. Avez-vous de la glace?

LE GARÇON:
Oui, nous avons du jambon.
Oui, nous avons du rosbif.
Oui, nous avons de la soupe.
Oui, nous avons de la salade.
Oui, nous avons du fromage.
Oui, nous avons de la glace.

B1. 1. Oui, je prends du pain.
2. Non, je ne prends pas d'agneau.
3. Oui, je prends de la glace.
4. Non, je ne prends pas de poulet.
5. Non, je ne prends pas de jambon.
6. Non, je ne prends pas de porc.

Module 4

A1. 1. boit
2. boit
3. boivent
4. boivent
5. bois
6. bois
7. buvons
8. buvez

B1. 1. le
2. la
3. l'
4. les
5. les
6. l'
7. les
8. les

B2C1. 1. Oui, mais je ne l'écoute pas.
2. Oui, mais je ne la regarde pas.
3. Oui, mais je ne les regarde pas.
4. Oui, mais je ne l'écoute pas.
5. Oui, mais je ne les regarde pas.
6. Oui, mais je ne les écoute pas.
7. Oui, mais je ne les regarde pas.
8. Oui, mais je ne les écoute pas.

B3C2.

L'ANGE:
1. Écoute-la!
2. Écoute-les!
3. Écoute-les!
4. Écoute-le!

LE DÉMON:
Ne l'écoute pas!
Ne les écoute pas!
Ne les écoute pas!
Ne l'écoute pas!

D1. 1. Oui, j'aime les écouter.
2. Oui, j'aime les collectionner.
3. Oui, j'aime le regarder.
4. Oui, j'aime les inviter.
5. Oui, j'aime le préparer.
6. Oui, j'aime les préparer.

Module 5

Révisons

1. Il ne le trouve pas
2. Il ne le trouve pas
3. Il ne la trouve pas
4. Il ne la trouve pas
5. Il ne les trouve pas
6. Il ne les trouve pas

A1. 1. Vous y allez mercredi.
2. Vous y allez le 13 février.
3. Vous y allez le 2 février.
4. Vous y allez le 3 mars.
5. Vous y allez le 12 avril.
6. Vous y allez le 1ᵉʳ mai.

B1. 1. la   6. La
2. du   7. du
3. du   8. du
4. un   9. du
5. une   10. une

B2. 1. J'aime (je déteste) le jambon.
Je vais prendre du jambon (du poulet).
2. J'aime (je déteste) l'agneau.
Je vais prendre de l'agneau (du rosbif).
3. J'aime (je déteste) les carottes.
Je vais prendre des carottes (des tomates).
4. J'aime (je déteste) le beurre.
Je vais prendre du beurre (du fromage).
5. J'aime (je déteste) le gâteau.
Je vais prendre du gâteau (de la glace).
6. J'aime (je déteste) la salade.
Je vais prendre de la salade (de la soupe).

Chapitre six

Module 1

A1. 1. préférons
2. préfère
3. préfèrent
4. préférez
5. préfère
6. préfères

A2. 1. achète des timbres.
2. achète un appareil-photo.
3. achetons une télévision.
4. achète une batte de baseball.
5. achètent des skis.
6. achètent un électrophone.
7. achetez des livres d'histoire.
8. achètes une raquette.

B1. 1. R: Les Citroën sont plus confortables que les Ford.
D: Non, les Citroën sont moins confortables que les Ford.
2. R: La Provence est plus touristique que la Californie.
D: Non, la Provence est moins touristique que la Californie.
3. R: Le vin est meilleur que le Coca-Cola.
D: Non, le vin est moins bon que le Coca-Cola.
4. R: Les Alpes sont plus jolies que les Alleghenies.
D: Non, les Alpes sont moins jolies que les Alleghenies.
5. R: Brigitte Bardot est plus jolie que Marilyn Monroe.
D: Non, Brigitte Bardot est moins jolie que Marilyn Monroe.
6. R: Les Français sont plus sympathiques que les Américains.
D: Non, les Français sont moins sympathiques que les Américains.

B2. 1. Je suis plus belle qu'elle.
2. Je suis plus sympathique que lui.
3. Je suis plus élégante qu'elles.
4. Je suis plus intelligente qu'eux.
5. Je suis meilleure en histoire qu'elle.
6. Je suis plus idiote qu'elle.

Module 2

A1. 1. vendez du pain.
2. vends des gâteaux.
3. vendons du café.
4. vendent de l'aspirine.
5. vend du champagne.
6. vends des bananes.

A2B1. 1. Chez le boulanger on vend du pain. On ne vend pas de rosbif.
2. Chez le marchand de fruits, on vend des bananes. On ne vend pas d'aspirine.
3. Chez le pâtissier, on vend des gâteaux. On ne vend pas de pain.
4. Chez le boucher, on vend du rosbif. On ne vend pas de gâteaux.

B2. 1. (b)   4. (f)   **B**3. on prend; on arrive; on prend; on va; on cherche; on ne trouve pas; on prend;
     2. (a)   5. (d)   on va
     3. (e)   6. (g)

Module 3

A1. 1. Philippe demande à Raoul s'il a de l'argent.
     2. Suzanne demande à Michèle si elle a de l'argent.
     3. Henri demande à Brigitte si elle a de l'argent.
     4. Monique demande à Pierre s'il a de l'argent.
     5. Jacqueline demande à ses amis s'ils ont de l'argent.
     6. André demande à ses amies si elles ont de l'argent.

B1. 1. Tu lui téléphones? Pourquoi?
     2. Tu lui rends visite? Pourquoi?
     3. Tu leur demandes de l'argent? Pourquoi?
     4. Tu lui donnes ton électrophone? Pourquoi?
     5. Tu lui vends tes disques? Pourquoi?
     6. Tu ne leur téléphones jamais? Pourquoi?
     7. Tu leur réponds toujours? Pourquoi?
     8. Tu leur demandes de dîner avec toi? Pourquoi?

B2. 1. la; lui
     2. les; leur
     3. lui; l'
     4. la; la; lui
     5. les; leur; leur
     6. lui; l'

C1. 1. Non, ce soir je ne téléphone à personne.
     2. Non, ce soir je ne dîne avec personne.
     3. Non, ce soir je ne joue avec personne.
     4. Non, ce soir je n'écoute rien.
     5. Non, ce soir je n'étudie rien.
     6. Non, ce soir je ne fais rien.

Module 4

A1. 1. connaît pas M. Il ne sait pas qui c'est.
     2. connaissons pas M. Nous ne savons pas qui c'est.
     3. connais pas M. Tu ne sais pas qui c'est.
     4. connaissent pas M. Ils ne savent pas qui c'est.
     5. connais pas M. Je ne sais pas qui c'est.
     6. connaissez pas M. Vous ne savez pas qui c'est.

B1. 1. Je connais   6. Je connais
     2. Je connais   7. Je sais
     3. Je sais   8. Je sais
     4. Je connais   9. Je connais
     5. Je sais   10. Je sais

B2. 1. R: Je sais qu'il a une moto bleue.
        J: Je ne sais pas s'il a une moto bleue.
     2. R: Je sais qu'elle travaille ici.
        J: Je ne sais pas si elle travaille ici.
     3. R: Je sais qu'il dîne au restaurant.
        J: Je ne sais pas s'il dîne au restaurant.
     4. R: Je sais qu'elle rentre à 10 heures.
        J: Je ne sais pas si elle rentre à 10 heures.

C1. 1. D'accord! Je t'attends.
     2. D'accord! Je t'écoute.
     3. D'accord! Je vous téléphone.
     4. D'accord! Je vous réponds.
     5. D'accord! Je te prête ce disque.
     6. D'accord! Je vous donne ces livres.

C2. 1. Hélène t'adore.
     2. Hélène vous déteste.
     3. Hélène ne nous invite jamais.
     4. Hélène me téléphone.
     5. Hélène t'attend.
     6. Hélène nous répond.
     7. Hélène me cherche.
     8. Hélène nous fait une surprise.

Module 5

A1. 1. Le voici.
     2. Le voici.
     3. La voici.
     4. Les voici.
     5. La voici.
     6. Les voici.
     7. Le voici.
     8. Les voici.

B1. 1. lui
     2. les
     3. la
     4. lui
     5. les lui
     6. la leur
     7. le leur
     8. le lui

C1. 1. Prête-la-moi.
     2. Prête-les-moi.
     3. Prête-le-moi.
     4. Prête-les-moi.
     5. Prête-le-moi.
     6. Prête-la-moi.

C2. 1. te les
     2. te la
     3. vous la
     4. vous les

Chapitre sept

Module 1

A1.
1. rapidement
2. facilement
3. terriblement
4. ordinairement
5. simplement
6. normalement
7. idiotement
8. gravement
9. courageusement
10. remarquablement

B1.
1. Ce n'est pas assez.
2. C'est trop.
3. C'est beaucoup trop.
4. C'est assez.
5. C'est beaucoup trop.
6. C'est trop.

C1.
1. Vous mangez trop de glace.
2. Vous mangez trop de gâteaux.
3. Vous mangez trop de dessert.
4. Vous mangez trop de crème.
5. Vous ne mangez pas assez de céleri.
6. Vous ne mangez pas assez de jambon.
7. Vous ne mangez pas assez de poulet.
8. Vous ne mangez pas assez de carottes.

B2**C**2. beaucoup; beaucoup; beaucoup; beaucoup; beaucoup de; beaucoup d'; beaucoup; beaucoup de; beaucoup de; beaucoup; beaucoup de; beaucoup; beaucoup d'; beaucoup

Module 2

V1.
1. Pour être médecin, il faut étudier la biologie.
2. Pour être interprète, il faut étudier les langues.
3. Pour être archéologue, il faut étudier l'histoire ancienne.
4. Pour être architecte, il faut étudier l'architecture.
5. Pour être géologue, il faut étudier la géologie.
6. Pour être pianiste, il faut étudier la musique.

V2.
1. Il faut être intelligent.
2. Il faut être sympathique.
3. Il faut avoir une voiture.
4. Il faut organiser des surprises-parties.
5. Il faut aimer les sports.
6. Il faut jouer de la guitare.

A1.
1. veut
2. veux
3. voulons
4. veux
5. veut
6. veulent
7. voulez
8. veulent

A2**B**1.
1. j'en veux.
2. j'en veux.
3. j'en veux.
4. je n'en veux pas.
5. je n'en veux pas.
6. je n'en veux pas.

B2.
1. Oui, j'en ai.
2. Oui, j'en joue.
3. Oui, j'en écoute.
4. Oui, j'en donne.
5. Oui, j'en connais.
6. Oui, j'en organise.

B3. Sentences 1 to 7: J'en fais. (Je n'en fais pas.)
8: J'en ai. (Je n'en ai pas.)

Module 3

A1. All sentences: Oui, j'en parle.
(Non, je n'en parle pas.)

B1. All sentences: Oui, j'en ai beaucoup.

B2. Sentences 1 to 5: J'en ai trop!
6: en ai

C1.
1. Ils ont 15 cassettes. Ils en ont 15.
2. Ils ont 2 guitares. Ils en ont 2.
3. Ils ont 16 disques. Ils en ont 16.
4. Ils ont 3 raquettes. Ils en ont 3.
5. Ils ont une bicyclette. Ils en ont une.
6. Ils ont une voiture. Ils en ont une.

C2.
1. Il y en a 100.
2. Il y en a 50.
3. Il y en a un.
4. Il y en a 2.
5. Il y en a 2.
6. Il y en a 24.

Module 4

A1. 1. peut visiter Boston.
     2. peux visiter Houston.
     3. peuvent visiter Paris.
     4. peux visiter Rio Je Janeiro.
     5. pouvons visiter Genève.
     6. pouvez visiter Québec.

A2B1. 1. Il ne peut pas venir. Il doit dîner en ville.
     2. Ils ne peuvent pas venir. Ils doivent travailler.
     3. Je ne peux pas venir. Je dois faire mes devoirs.
     4. Nous ne pouvons pas venir. Nous devons aller au théâtre.
     5. Il ne peut pas venir. Il doit chercher son frère.
     6. Elles ne peuvent pas venir. Elles doivent jouer du piano.
     7. Vous ne pouvez pas venir. Vous devez aller à Paris.
     8. Tu ne peux pas venir. Tu dois étudier ta leçon.

C1. 1. Robert est septième.
     2. Arthur est dixième.
     3. Guillaume est onzième.
     4. Jacques est treizième.
     5. Roger est vingtième.
     6. Joël est trente et unième.

Module 5

A1. 1. finis
     2. finit
     3. finissent
     4. finissons
     5. finis
     6. finit
     7. finissent
     8. finissez

B1. 1. J'en donne deux a Marc.
     2. J'en donne trois à Michèle.
     3. J'en donne un à Albert.
     4. J'en donne six à Monique.
     5. J'en donne quatre à Brigitte.
     6. J'en donne dix à Paul.

B2. 1. François: je n'en mange pas.
       le docteur: Mangez-en!
     2. François: je n'en fais pas.
       le docteur: Faites-en!
     3. François: je n'en prends pas.
       le docteur: Prenez-e ꞌꞁ
     4. François: je n'en bois pas.
       le docteur: Buvez-en!

B3. 1. donne-lui-en.
     2. ne lui en donne pas.
     3. ne lui en donne pas.
     4. donne-leur-en.
     5. ne leur en donne pas.
     6. donne m'en.

Chapitre huit

Module 1

A1. 1. viens du magasin de disques.
     2. venons du court de tennis.
     3. vient du restaurant.
     4. viennent de la pâtisserie.
     5. venez du supermarché.
     6. viens de l'école.

A2B1. 1. venez de
     2. viennent de
     3. vient de
     4. venons d'
     5. viens de
     6. viens de

A3B2. 1. Je viens de préparer le repas.
     2. Je viens de téléphoner à ma tante.
     3. Je viens de jouer du piano.
     4. Nous venons de chercher du lait.
     5. Nous venons d'acheter du pain.
     6. Nous venons de faire nos devoirs.

C1. 1. Avec qui vas-tu au cinéma?
     2. Chez qui dînes-tu?
     3. A qui téléphones-tu?
     4. A qui rends-tu visite?
     5. Avec qui rentres-tu?
     6. Chez qui passes-tu?

Module 2

A1. 1. lit
     2. écrit
     3. lis
     4. écris
     5. lisons
     6. écris
     7. lisent
     8. écrivent
     9. lis
     10. écrivez
     11. lisez
     12. écrivons

A2. 1. disent que Jim est beau.
     2. dis que Jim est beau.
     3. disons que Jim est beau.
     4. dit que Jim est beau.
     5. dis que Jim n'est pas beau.
     6. dites que Jim n'est pas beau.
     7. disent que Jim n'est pas beau.
     8. dit que Jim n'est pas beau.

B1. 1. Il pense que c'est faux.
     2. Elle pense que c'est vrai.
     3. Il répond que c'est faux.
     4. Elle répond que c'est vrai.
     5. Ils disent que c'est faux.
     6. Elles disent que c'est vrai.

C1. 1. Genève est en Suisse.
2. Québec est au Canada.
3. Mexico est au Mexique.
4. Moscou est en Russie.
5. Pékin est en Chine.
6. Boston est aux États-Unis.
7. Calcutta est aux Indes.
8. Tokyo est au Japon.
9. Lisbonne est au Portugal.
10. Bruxelles est en Belgique.

C2. 1. Mardi, je vais aller en Belgique.
2. Mercredi, je vais aller au Luxembourg.
3. Jeudi, je vais aller en Hollande.
4. Vendredi, je vais aller au Danemark.
5. Samedi, je vais aller en Suède.
6. Dimanche, je vais aller en Norvège.

Module 3

V1.
1 un foulard 7 une veste 5 des chaussures
2 un chemisier 8 un pantalon 3 une jupe
4 des collants 9 des chaussettes 6 une cravate

A1. 1. sont les hommes qui lisent
2. sont les hommes qui lisent
3. est l'homme qui lit
4. est la femme qui lit
5. est l'homme qui lit
6. sont les femmes qui lisent
7. est l'homme qui lit
8. sont les hommes qui lisent

A2. 1. Je n'aime pas le garçon qui n'étudie pas.
2. Je n'aime pas le garçon qui ne travaille pas.
3. Je n'aime pas la fille qui mange en classe.
4. Je n'aime pas les garçons qui font des avions en papier.
5. Je n'aime pas les filles qui n'écoutent pas.
6. Je n'aime pas le garçon qui n'est jamais à l'heure.

B1. 1. qui triches.
2. qui trichez.
3. qui triche.
4. qui triche.
5. qui trichent.
6. qui triche.

Module 4

A1. 1. (g)
2. (b)
3. (c)
4. (f)
5. (a)
6. (e)

A2. 1. que je préfère est _____.
2. que je préfère est _____.
3. que je préfère est _____.
4. que je préfère est _____.
5. que je préfère sont _____.
6. que je préfère sont _____.

A3. 1. Quel est le livre que tu lis?
2. Quels sont les livres que tu achètes?
3. Quel est le bon programme que tu regardes?
4. Quelle est la fille que tu invites ce soir?
5. Quels sont les amis que tu attends?
6. Quels sont les Américains que tu connais?

B1. JIM: vieux; vieil; vieille; vieilles; vieux
JULES: . . . ce quartier, il y a un nouveau théâtre, un nouvel hôtel, une nouvelle église, de nouvelles maisons et de nouveaux monuments.

Module 5

A1. 1. met
2. mets
3. met
4. mettons
5. mettez
6. mets
7. mettent
8. mettent

B1. 1. un sac; qui
2. un manteau; qu'
3. un électrophone; qu'
4. une bicyclette; qui
5. une montre; qui
6. un avion; que
7. un bus; qui
8. une raquette; qui

B2. 1. que; qui
2. qui; que
3. que; qui
4. que; qui
5. qui; que
6. que; qui

Révisons
1. comprend
2. comprend
3. comprenons
4. comprends
5. comprenez
6. comprennent
7. comprends
8. comprennent

Chapitre neuf

Module 1

V1. nez; tête; jambes; pieds; mains; ventre

A1. . . . Jacques. Jacques sort avec nous. Nous sortons avec vous. Vous sortez avec Sophie et Marie. Sophie et Marie sortent avec toi. Tu sors avec Pierre et André. Pierre et André sortent avec moi.

B1. 1. avons envie de; avons besoin d'un livre
2. as envie de; as besoin d'une raquette
3. a envie d'; a besoin d'un électrophone
4. avez envie de; avez besoin d'un appareil-photo
5. ai envie de; ai besoin d'un album
6. ont envie de; ont besoin d'une voiture

B2. 1. ai mal . . .
2. avons mal . . .
3. a mal . . .
4. a mal . . .
5. ont mal . . .
6. ont mal . . .

Module 2

A1**B**1. Philippe
Roger
Gilbert
Antoine

B2. 1. a
2. a
3. a
4. avons
5. avez
6. as
7. ont
8. a

B3. 1. Mardi, j'ai regardé les magasins.
Ensuite, j'ai visité Notre-Dame.
2. Mercredi, j'ai téléphoné à des amis.
Ensuite, j'ai dîné avec eux.
3. Jeudi, j'ai téléphoné à François.
Ensuite, j'ai parlé avec sa sœur.
4. Vendredi, j'ai visité l'Opéra.
Ensuite, j'ai écouté un concert.
5. Samedi, j'ai acheté des souvenirs.
Ensuite, j'ai invité une amie au théâtre.

C1. 1. a fait
2. a fait
3. ont fait
4. ont fait
5. ai fait
6. as fait
7. avons fait
8. avez fait

D1. 1. Elle n'a pas été à l'Opéra.
2. Elle n'a pas déjeuné.
3. Elle n'a pas parlé français.
4. Elle n'a pas dîné.
5. Elle n'a rien visité.
6. Elle n'a rien regardé.
7. Elle n'a parlé à personne.
8. Elle n'a téléphoné à personne.

Module 3

A1. 1. Ils ont rendu visite à l'oncle Bill.
2. Ils ont répondu à leurs cousins.
3. Ils ont attendu le télégramme de Roger.
4. Ils ont vendu leur voiture.
5. Ils ont répondu à l'oncle Charles.

B1. 1. Il a bu du champagne.
2. Il a eu mal à la tête.
3. Il a connu des Français.
4. Il a voulu danser.
5. Il a pu rentrer après minuit.
6. Il a eu envie de voyager.

B2. 1. n'a pas pu étudier. Elle a dû
2. n'a pas pu étudier. Il a dû
3. n'ai pas pu étudier. J'ai dû
4. n'avons pas pu étudier. Nous avons dû
5. n'ont pas pu étudier. Elles ont dû
6. n'avez pas pu étudier. Vous avez dû

C1. 1. Quand a-t-il été au Canada?
2. Quand ont-ils été à Chicago?
3. Quand ont-elles été à Rome?
4. Quand a-t-elle visité New York?
5. Quand a-t-il acheté une moto?
6. Quand a-t-elle acheté une voiture?
7. Quand a-t-il vendu sa guitare?
8. Quand a-t-elle vendu son banjo?

D1. 1. j'ai souvent joué au tennis.
2. j'ai souvent joué au volleyball.
3. j'ai souvent regardé la télé.
4. je n'ai pas souvent travaillé.
5. j'ai souvent dansé.
6. je n'ai pas souvent fait mes devoirs.

Module 4

A1. 1. ai fini. J'ai réussi.
2. n'avons pas fini. Nous n'avons pas réussi.
3. a fini. Il a réussi.
4. n'ont pas fini. Elles n'ont pas réussi.
5. a fini. Elle a réussi.
6. ont fini. Ils ont réussi.

B1. 1. a pris
2. a écrit
3. a mis
4. a mis
5. a dit
6. a compris

C1. 1. Nous lui avons écrit.
2. Nous leur avons écrit.
3. Nous lui avons téléphoné.
4. Nous lui avons téléphoné.
5. Nous lui avons répondu.
6. Nous leur avons répondu.
7. Nous l'avons invité.
8. Nous l'avons invité.

C2. 1. Oui, je l'ai fait.
2. Oui, j'en ai acheté.
3. Oui, je leur ai téléphoné.
4. Oui, je leur en ai parlé.
5. Oui, ils m'en ont donné.
6. Oui, je l'ai cherché.

Module 5

A1. 1. Il est arrivé à Londres le 15. Il est resté 5 jours. Il est parti le 20. Après, il est allé à Amsterdam.
2. Il est arrivé à Amsterdam le 21. Il est resté 2 jours. Il est parti le 23. Après, il est allé à Genève.
3. Il est arrivé à Genève le 24. Il est resté 2 jours. Il est parti le 26. Après, il est allé à Rome.
4. Il est arrivé à Rome le 27. Il est resté 2 jours. Il est parti le 29. Après, il est allé à Paris.

B1. 1. Elle est allée à l'hôtel Marbeuf.
2. Elle est restée là deux heures.
3. Elle est sortie à midi.
4. Elle est entrée dans un café.
5. Elle est partie de ce café à 2 heures.
6. Elle est retournée à son hôtel.

B2. 1. A 10 heures, elle est allée dans un magasin.
2. A 11 heures, elle a acheté une robe.
3. A midi, elle a pris un taxi.
4. A midi 30, elle est revenue à l'hôtel.
5. A midi 40, elle est montée dans sa chambre.
6. A 1 heure, elle a déjeuné.
7. A 3 heures, elle est sortie avec une amie.
8. A 6 heures, elle est rentrée à l'hôtel.

B3. 1. A 2 heures 15, Manon est entrée.
2. A 2 heures 15, Nancy est arrivée.
3. A 2 heures 30, Manon et Nancy sont montées.
4. A 2 heures 45, Marc est sorti.
5. A 3 heures, Marc est revenu.
6. A 5 heures 15, Manon et Nancy sont descendues.
7. A 5 heures 30, Marc, Manon, Bill et Nancy sont partis.

Chapitre dix

Module 1

A1. 1. voit
2. voient
3. voyons
4. voyez
5. vois
6. voit
7. voient
8. vois

A2. 1. croit qu'il est au cinéma.
2. crois qu'il est avec Sophie.
3. croient qu'il est au restaurant.
4. croyez qu'il est chez lui.
5. crois qu'il est au stade.
6. croyons qu'il est à la fête foraine.

A3. 1. Nous avons vu l'Orange Bowl.
2. J'ai vu la Tour Eiffel.
3. Il a vu la basilique Saint-Pierre.
4. Ils ont vu la Statue de la Liberté.
5. Vous avez vu la Maison Blanche.
6. Tu as vu le Kremlin.

Révisons
1. y vais
2. y dîne
3. y est
4. y rentrons
5. y suis
6. y allons

B1. All sentences: J'y crois. (Je n'y crois pas.)

Module 2

A1. 1. -ai
2. -a
3. -ons
4. -as
5. -ez
6. -ont

A2. MICHÈLE: . . . une semaine. Je visiterai Notre-Dame. Je monterai à la Tour Eiffel. Je dînerai avec Béatrice. Je quitterai Paris le 17 juillet. Je voyagerai en train. Je visiterai la Provence. Je regarderai les monuments romains. Je rentrerai en Amérique le 1er août.
LA MÈRE DE MICHÈLE: . . . le 10 juillet. Elle restera là une semaine. Elle visitera Notre-Dame. Elle montera à la Tour Eiffel. Elle dînera avec Béatrice. Elle quittera Paris le 17 juillet. Elle voyagera en train. Elle visitera la Provence. Elle regardera les monuments romains. Elle rentrera en Amérique le 1er août.

B1. 1. Il ne restera pas chez lui.
2. Elle n'invitera pas ses amis.
3. Il ne regardera pas la télé.
4. Il ne déjeunera pas en ville.
5. Elle ne dînera pas au restaurant.
6. Elle ne visitera pas de musée.

B2. 1. Voyagera-t-il?
2. Voyagera-t-il?
3. Voyagera-t-elle?
4. Voyageront-ils?
5. Voyageront-elles?
6. Voyageras-tu?
7. Voyagerez-vous?
8. Voyagera-t-elle?

Module 3

A1. 1. Je finirai la leçon demain.
2. Je choisirai un livre demain.
3. Je sortirai avec Janine demain.
4. Je répondrai à Maurice demain.
5. Je vendrai mes skis demain.
6. Je prendrai des photos demain.
7. J'apprendrai la leçon demain.
8. Je lirai ce poème demain.

A2. 1. l'attendra.
2. l'attendrez
3. l'attendras
4. l'attendront.
5. ne l'attendrons pas.
6. ne l'attendrai pas.
7. ne l'attendra pas.
8. ne l'attendront pas.

A3. 1. choisira le manteau vert.
Elle ne prendra pas le manteau jaune.
2. choisirai les disques.
Je ne prendrai pas les livres.
3. choisiront la moto.
Ils ne prendront pas la bicyclette.
4. choisirons le sac noir.
Nous ne prendrons pas le sac blanc.
5. choisirez les oranges.
Vous ne prendrez pas les bananes.
6. choisiras la glace.
Tu ne prendras pas le gâteau.

B1. 1. Moi aussi, j'aurai une guitare.
2. Moi aussi, je ferai du piano.
3. Moi aussi, je ferai de l'anglais.
4. Moi aussi, j'irai à l'université.
5. Moi aussi, je pourrai voyager.
6. Moi aussi, j'irai à Chicago pour les vacances.
7. Moi aussi, je serai grand.
8. Moi aussi, j'aurai beaucoup d'amies.
9. Moi aussi, je serai toujours chez elles.
10. Moi aussi, je pourrai rentrer tard le soir.

B2. 1. ira
2. ira
3. irons
4. irai
5. iront
6. iront
7. iras
8. irez

Module 4

A1. 1. Il verra Jacqueline.
2. Il viendra chez nous.
3. Il voudra étudier.
4. Il voudra travailler.
5. Il saura sa leçon.
6. Il verra ses amis.

B1. 1. aurai
2. aurai / irai
3. irai / verrai
4. verra / parlera
5. parlons / téléphonerons
6. téléphonons / viendra
7. viendra / irons
8. allons / nagerons
9. nageons / serons
10. serons / rentrerons
11. rentrerai / aurai

B2. 1. Quand j'aurai vingt ans . . .
2. Quand j'irai en France . . .
3. Quand j'aurai une moto . . .
4. Quand je serai riche . . .
5. Quand je voudrai étudier . . .
6. Quand je saurai danser . . .
7. Quand il fera beau . . .
8. Quand mes amis viendront chez moi . . .

C1. 1. M
2. F
3. M
4. M
5. M
6. F
7. F
8. M

C2. 1. je l'ai vu.
2. je les ai vus.
3. je ne l'ai pas vu.
4. je ne l'ai pas vu.
5. je les ai vues.
6. je les ai vus.

Module 5

A1. 1. Aujourd'hui
2. Hier
3. Demain
4. Demain
5. Hier
6. Demain
7. Auiourd'hui
8. Aujourd'hui

A2. RIRA BIEN QUI RIRA LE DERNIER

B1. 1. souvent; hier; demain
2. maintenant; avant; ensuite
3. déjà; bientôt; ensuite
4. demain; déjà; ensuite

B2. 1. J'ai acheté ce disque là-bas.
2. J'ai déjeuné ici.
3. J'ai lu ce magazine aujourd'hui.
4. J'ai vu Paul hier.
5. Oui, j'ai souvent joué au tennis cet été.
6. Oui, j'ai déjà été à Paris.